여성주의 리더십

새로운 길 찾기

* 이 책은 이화여자대학교 여성학분야특성화사업단(2003. 9~2006. 8)의 연구사업으로 이화리더십개발원이 기획하였습니다.

여성주의 리더십

새로운 길 찾기

윤혜린 · 김영옥 · 양민석 · 조형 · 정지영 지음

이화여자대학교출판부

책을 펴내며

우리 사회에서 지난 2~3년 사이에 리더십이 새로운 시대적 화두로 떠올랐다. 리더십에 관한 각종 서적은 물론 다양한 교육프로그램이 소개되는 등, 리더십은 어느새 인기 상품 중 하나로 시장의 한 자리를 차지하게 되었다. 구체적으로, 어린이로부터 청소년, 기업인, 직장인을 대상으로 화술, 스피치, 발표력, 면접방식, 코칭 등 각종 리더십 스킬 교육 프로그램, 성격 개조와 습관 바꾸기 등 인성 개조에 관한 지침서나 훈련 프로그램들이 다양하게 제시되고 있다. 또한 번역서를 포함한 리더십 관련 저술들은 '성공'하는 리더의 모델 제시를 비롯하여 성공하려는 리더를 위한 지침서 성격의 서적이 주종을 이룬다.

이는 이 시대를 사는 사람들에게 리더십이 (어떻게 이해되든 간에) 중요하다는 인식과 리더십을 추구하는 데에 관심을 증폭시키는 요인이 이 사회에 충만하다는 증거일 것이다. 한국사회에 불어닥친 신자유주의 바람은 개인들에게 '자기계발'의 책임을 전가하였고, 그 결과는 이 시대에 살아남기 위해, 나아가 성공하기 위해 영어, 중국어 등 외국어 학습에 이어 이제는 리더십을 개발하지 않으면 안 된다는 일종의 강박관념으로 나타나고 있다.

리더십에 대한 일반적인 관심은 리더의 어떤 능력이나 기술이 리더 역할에 효과적일까에 초점이 맞춰져 있는 것이 사실이다. 리더십 관련 연구들은 시간과 공간적 상황과 타인 집단의 속성에 따라 보다 효과적인 리더십 유형을 모색하는 데에 집중되어왔다. 그리하여, 오늘날은 과거의 영웅적, 카리스마적 리더십이나 거래적(transactional)인 리더십을 대체하는 더욱 효과적인 리더십 유형으로 수평적 리더십, 파트너십, 서번트 리더십, 섬김의 리더십, 감성적 리더십, 여성적 리더십 등이 제시되기도 했다. 경쟁이 심화되면서 소비자는 물론, 노동자나 학생을 포함하여 모든 대상이 리더에게 고객화되고 있으며, 그들의 취향과 요구와 성향과 그 변화에 대응해야 하는 환경적 변화가 그 배경을 이룬다.

리더십은 리더가 타인의 행동을 효과적으로 유도하는 어떤 스킬이나 인성 내지 리더십 스타일에 국한되는 개념이 아니다. 이 책의 저자들은 리더십에 대한 기존 접근들이 리더십의 지향점을 간과하고 있다는 점에서 이들에 대해 근본적인 회의를 공유한다. 특히, 남성중심성에서 벗어나지 못하는 리더십 논의는 리더십을 가부장적 사회체제와 조직문화에 가두어버리고 이를 변화시켜야 할 이 시대 리더들의 소명을 논외로 한다는 점에 주목한다.

리더십에서 기술적 방법론(know how)에만 몰두하고 리더십 훈련을 통해 추구하는 목적적 가치들에 대한 치열한 물음(know why or know what for)을 등한시해서는 현실사회의 변화를 추동하는 리더십일 수는 없지 않겠는가? 이에, 저자들은 '성공적' 리더와 그들이 이끄는 사회에 대한 전제를 폐기하고 여성주의 시각에서 리더십의 패러다임적 전환을 모색한다.

여성주의 리더십이라고 명명되는 대안적 리더십은 리더의 성별(여성 리더)이나 리더십의 젠더(여성적 리더십)가 아닌, 리더의 비전과 목표, 리더십 발휘 방식에서 기존의 어떤 리더십 유형과도 다른 차별성을 갖고 있음을 강조한다. 여성주의 리더십은 변화를 통한 목표 달성을 추구하는 변혁적(transformational) 리더십이되, 가부장적 내지 유사가부장적 체제로부터 보다 평등하고 평화적이며 상호 보살핌 사회를 지향하는 방향성을 지닌다는 점에 그 특징이 있다.

그리하여 여성주의 리더는 그가 여성이건 남성이건 간에 조직에서의 생존이나 성공을 위해 분투해야 할 뿐 아니라 그 선을 넘는 비전을 설정함으로써 기존 조직과 사회의 문화적 토양을 변화시키는 패러다임 전환을 궁극적인 목표로 삼는다. (여성주의 리더십은) "조직 문화를 바꾸고 삶의 질에 대한 대안적 상상력을 키우며, 신자유주의 경제논리에 대항하는 주체들의 작은 힘들을 연대시키고자 노력한다." 또한 "조직의 목표나 성과를 보다 더 큰 단위로서 공동체적 삶의 장이 변화하는 변혁적 과정과 일치시킴으로써 일이 갖는 윤리적 의미를 확장시킨다" (김영옥).

이렇듯 조직과 사회의 룰을 바꾸는 거창하고 심오한 뜻을 지닌 여성주의 리더십의 발동 메커니즘은 보기에 거창하기보다는 미약하고 겸손하다. 여성주의 리더십의 확산 경로는 나비의 '작은 날갯짓'에 비유할 수 있다(윤혜린). 마치 북경의 나비 한 마리가 날개를 펄럭이자 뉴욕에 폭풍우가 치듯 초기 조건의 미미한 차이가 그 결과를 매우 다르게 만들어낼 수 있다는 '나비효과'를 원용하여 나비효과 리더십이 구성된다. 이는 리더십의 공간적 · 인적 확산 고리에 대한 모형으로서 리더 개인에게서 발아된 리더십 싹이 일파만파로 다른 공간에 있는 다른 이들에게도 확산될 수 있는 잠재력을 갖는다. 장(場)의 변혁을 통해 다른 나비들의 날갯짓을 계속 야기해내는 일은 곧 여성주의의 세대적 재생산으로 귀결된다.

한편 "여성주의를 경험하지 않은 또는 그에 방관자적인 사회적 연결망 내의 구성원들은 여성주의 리더와의 상호작용을 통해 여성주의 또는 여성주의 리더십에 대한 관심을 저하시키는 영향으로부터 보호될 수 있으며, 여성주의 리더 또한 동료와 변화하는 추종자들과의 상호공존적인 연계를 통해서 여성주의적 관심을 실천적 관심(activism)으로 발전시킬 수 있다"(양민석). 이러한 과정에서 새롭게 생성되는 힘은 여성주의 리더십을 한층 고양시킬 수 있는 동력이 되며, 구성원들의 인식과 관계맺기를 통해 변화한 사회적 연결망, 그것을 기반으로 한 사회자본은 여성주의 리더십을 보다 더 심화 확산시키는 문화적 토대로서 작용한다. 그러므로 역동적 사회 연결망을 중심으로 한 사회자본은 리더십에 대해 단순한 자본 또는 자원력의 수준을 넘어서 인간을 변화시키고 여성주의를 강화시키는 문화적 작용력을 갖는다. 이러한 사회자본이 좀더 큰 힘을 갖기 위해서는 여성주의적 멘토링의 확보가 매개되어야 할 것이다.

여성주의적 사회자본의 특성과 관련하여 "여성주의적 관점에서 특별히 주목할 부분은 사회자본과 네트워크의 양적 측면보다는 질적 성격이다. 즉, 사회자본이 내재되어 있는 네트워크의 크기보다는 내부 구조(수직/수평적 구조), 가치지향, 내적 역동성과 결속력, 개방성과 외연 등, 네트워크의 이러한 구조적이고 질적인 측면에 주목하는 것이 중요한 것" (조형)이라는 논의를 참조할 만하다.

여성주의적 네트워크의 지향성에 대한 공감과 인식의 일치에도 불구하고 그 지속과 확산을 위해 이론적/현실적 토대들을 다시 점검할 필요가 있다. 조형의 논문에서 지적되듯이 "여성주의 리더십과 여성주의적 네트워크 및 사회자본 간의 쌍방향적, 순환적 관계" 즉 "여성주의 리더십을 강화하고 사회변화에 기여할 수 있기 위해서는 여성주의적 네트워크에 기초한 사회자본이 요구되고 그러한 네트워크와 사회자본을 형성하기 위해서는 또 다시 여성주의 리더십이 요구되는" 부담을 어떻게 헤쳐나갈 수 있는가? 조형은 여성주의 리더십과 사회자본을 가부장제 사회 '밖에서의 연대'를 통해 강화하고자 하며, 이를 위해서 "거시적 사회자본, 즉 다양한 자발적 시민단체와 시민사회 발달에 기초한 사회적 신뢰와 호혜성 등 조직 외적 사회요인에 기대를 걸어볼 수 있다"고 한다. 조형은 근자에 논의가 활발한 '돌봄사회'와 '여성주의 리더십'을 연결시킴으로써 "돌봄은 책임성, 신뢰, 의지를 함축하며 타인의 상태에 대해 윤리적 중요성을 담지하므로 그 자체로서 여성주의 리더들에게 주요 사회자본이 될 수 있다. 사회 전체에 돌봄 정신과 시민성(civility)이 확산된다면 그 사회에 속한 개개인이나 집단들이 커다란 노력 없이도 소통과 갈등해결, 그리고 진정한 '발전'의 기반을 이루게 될 것이기 때문" (조형)이라는 전망을 내놓는다.

돌이켜보면 여성주의 리더십 확산에 여성들이 남성들보다 높은 실천적 잠재력을 갖는 것은 주변인으로서 여성 집단의 오랜 경험에 근거한다. 여성들은 "가부장제 역사 속에서 '소수자', '약자' 위치에서 다중적 역할을 수행하고 배려 능력을 전수하며 이야기가 있는 소통적 합리성을 실천" 해왔다(김영옥).

그러나, 현실세계에서 여성들은 과거나 현재에도 그러한 잠재력을 인정받지 못하거나 충분히 발휘할 수 없도록 억압받아왔다. "지금까지 여성사 서술에서 이른바 여성 리더라고 할 수 있을 만한 여성들이 주목받지 못한 것은 아니지만, 그녀들에 대한 서술은 조선시대 기록에 지나치게 충실한 방식으로 이루어져 있다. 여성으로서 자신이 중요하게 생각하는 가치와 그것을 실현하고자 하는 욕망에 따라 삶을 꾸렸던 여성들의 경우 남성적 시선에 의해 폄하되곤 했다. 그리고 그러한 내용이 담긴 사료는 그 밖을 상상하기 어렵게 만드는 절대적 경계로 작용했다." 따라서 "당시 여성 리더에 대한 기록들이 이미 편파적인 남성의 시선에 의해 기록된 것이라는 사실을 끊임없이 인식하면서 사료의 행간을 읽고 사료의 결을 거슬러 읽는 의도적인 노력을 기울여야 한다" (정지영).

여성주의 시각으로 새로 역사를 쓰는 일은 현재형이다. 예컨대 조선 여성의 원형이 가부장제 역사 서술의 틀에 갇혀 있었다는 성찰 역시 현재의 여성주의적 의식을 통해 새롭게 깨달은 바이다. 여성 리더에 대한 험담과 극단적인 죽이기, 여성 리더를 '나쁜 여성'으로 만들기, 그리고 그 여성 리더가 '나라를 망치는' 요인으로 묘사하기와 같은 익숙한 시나리오를 거부하고 그동안 리더의 지위를 박탈당한 여성 리더를 다시 발견하고자 하는 것 역시 여성주의 세례를 받은 여성사가가 등장한 것과 궤적을 같이한다.

이 책은 여성주의 리더십을 향한 자유로운 상상과 유희의 결과물이다. 여성주의 리더십이라는 새로운 개념에 대한 기존 연구가 매우 취약한 상황에서 저자들은 어떤 이론적, 방법론적 틀에 구애받지 않고 각자가 자율적으로 주제를 선택하여 여성주의 리더십에 대한 이해를 심화시키는 작업을 수행하는 것을 당초 목표로 하였다. 2005년 10월에는 초기 생각들을 정리하여 발표하고 토론하는 작은 학술대회 장에서 예견된 대로 다양한 주제와 접근방식을 선보이기도 하였다. 각 원고가 처음부터 모두 완성된 형태가 아니었지만 지대한 관심을 보여주고 좀더 나은 원고가 되도록 조언해준 토론자들에게 감사드린다. 또한 2년이란 긴 기간 동안 여성주의 리더십에 관한 학제적 연구를 할 수 있는 기회를 제공해준 〈이화리더십개발원〉에 감사드린다. 특히나 저자들이 작은 아이디어 싹을 틔웠을 때부터 격려와 제언, 비판을 해주시고 십수 차례의 워크숍과 세미나, 편집회의를 통해 지적 자극과 정서적 지지를 아낌없이 쏟아부어주신 이상화, 장필화, 허라금 교수님 덕분에 그나마 이 정도의 나무로 자라게 되었음을 깊이 감사드린다. 이 책이 여성주의와 리더십에 관한 후속 연구를 자극하는 작은 기폭제가 되어 이 책이 나오기까지 도와주신 모든 분들에게 보은하게 되기를 소망한다.

2007년 2월

저자 일동

차 례

책을 펴내며 · 4

여성주의의 사회적 파워를 위한 리더십 모형 : 나비효과를 소환하기 _ 윤혜린(이화여대 한국여성연구원) · 15

1. 들어가는 말
2. 카오스 나비효과와 여성주의 리더십
   1) 카오스 현상과 일상세계
   2) 열린 계로서 사회 조직
   3) 나비효과와 조우한 여성주의 리더십
3. 여성주의 리더의 자원
   1) 다이아몬드의 균형성
   2) 카리스마의 변혁성
   3) 파워의 진정성
4. 나비로 날아오르기, 그 전사(前史) 및 후사(後事)
5. 나비효과 리더십의 의의와 자기성찰
6. 나가는 말

감성과 심미적 성찰성의 관점에서 본 여성주의 리더십 _ 김영옥(이화여대 한국여성연구원) · 53

1. 들어가는 말
2. 여성주의 리더십의 소수 집단적 위치성과 정치적 행위성

3. 후기근대의 위험사회와 자기계발 담론
4. 심미적 성찰성에 입각한 여성주의 리더십
1) 감성의 능력, 심미적 성찰성 그리고 여성주의 리더십
2) "나는 인간이 어떻게 움직이는가보다는 무엇이 인간을 움직이는가에 더 흥미를 느낀다"
5. 나가는 말

여성주의 리더십의 '문화적 토대'로서의 사회자본과 네트워크 _ 양민석(이화여대 한국여성연구원) · 87

1. 머리글 : 여성 리더십에 대한 질문들
2. 사회자본 : 여성주의 리더십의 '문화적 토대'
3. 여성 리더의 네트워크 경험과 사회자본의 특성
4. 역동적 사회연결망 모델과 여성주의 리더십의 가능성
1) 역동적 사회연결망 모델의 의미
2) 역동적 사회연결망과 여성주의 리더십의 구성
5. 맺는 글 : 여성주의적 관계맺기 문화를 통한 사회자본의 창출

여성주의 리더십, 사회자본, 여성주의적 네트워크
_ 조형(이화여대 사회학과) · 117

1. 들어가며
2. 사회자본과 젠더

3. 여성주의 리더십과 사회자본

4. 맺으며

가부장제 역사와 여성 리더의 흔적 : 조선시대 강빈(姜嬪)의 기억 찾기 _ 정지영(이화여대 여성학과) · 139

1. 머리말
2. 여성을 기억하는 방식 : 역사의 선택과 배제
3. 조선시대의 규범과 실제
   1) 바람직한 여성이 되기 위한 규범
   2) 부녀들의 모임과 집단 행동
4. 조선시대 여성 리더 다시 보기 : 강빈의 사례
   1) 강빈과 청나라 생활
   2) 기존 권위에 대한 도전
   3) 강빈을 지지하는 사람들
5. 맺음말

필자 소개 · 187

여성주의의 사회적 파워를 위한 리더십 모형 : 나비효과를 소환하기

윤혜린 *

1. 들어가는 말

리더 혹은 리더십에 대한 열기는 우리 사회의 한 트렌드이다. 날이 갈수록 집중되는 대중의 관심 속에서 리더십 함양의 구체적이고 효과적인 스킬 교육의 열기가 증폭되고 있다. 일반 기업에서는 조직 혁신성을 강조하기 위해 "변화하지 않으면 죽는다"와 같은 다소 선동적인 문구들에 매몰된 분위기도 느껴진다.

그러나 진정 "왜 변화해야 하는가?"에 대해서 그리고 "어떻게, 어떤 방향으로 무엇이, 누가 변화해야 하는가?"에 대해서, 즉 변화의 당위성과 목적, 전망, 방법론, 주체 등을 진지하게 묻지 않는다면 맹목적이고 단편적인 처세술이나 성공학 이야기 수준을 뛰어넘을 수 없다. 또

* 이화여대 한국여성연구원 연구교수.

한 언제라도 사회에서 탈락할 수 있다는 식으로 가해지는 위협과 공포감을 동반하는 사회적 압력 때문이 아니라 개개인의 자기 긍정과 새로 소생하는 창조적 힘에 대한 기쁜 예감과 연계된, 즉 자기가 주인되는 리더십 의식이야말로 리더십을 운위하는 상황에 걸맞지 않겠는가? 리더십 노하우(know how)만이 아닌 리더십 노와이(know why)를 주체적으로 성찰해보자는 뜻이다.

우리 각자는 상이한 사회적 · 정치적 정체성 안에서 삶을 꾸려가며 리더십에 대한 주체적 성찰의 자리 또한 각각 다를 것이다. 어떤 맥락에서 어떤 콘텐츠의 리더십을 구성해가는가도 각각 다를 것이다. 타인의 필요에 민감하게 반응하면서 부족함을 채워주고 잠재력을 최대로 끌어올려주는 식의 보살핌을 실현하는 도우미형 리더도 있고, 사회적 관계망을 촘촘히 엮고 또 이를 활용하여 과업을 진행해가는 거미형 리더도 있고, 기존 리더가 자신의 역할을 하기 어려운 상황에서는 다른 리더로 이를 대치하면서 집단 지도력을 발휘하는 기러기형 리더들도 있다.

당대에는 리더 개인의 리더십 특질이나 여기에서 비롯한다고 가정된 개인적 성취를 중시한다기보다는 리더가 속한 조직 안에서 이루어내는 공동체 단위의 성취에 주목하는 경향이 있다. 이는 리더 개인의 영도력이나 통솔력, 즉 헤드십(headship)보다 팀 단위의 수행과 업무 성과의 기반이 되는 조직력인 팀십(teamship)을 중시하기 때문이다.

필자가 보기에 여성주의 리더십은 팀십에 기반해야 한다. 일차적으로 여성주의의 가치 지향이 여성주의 리더를 매개로 우리 사회의 시공간에 만연한 가부장제의 진행 및 그 유제를 청산하고 대안 사회를 모색하는, 즉 각급 조직과 사회 공동체의 여성주의화[1)]에 있다면 거시적인 단위에서 매우 창의적이고 생산적인 팀십 의식이 창출되어야 한다.

여성주의 리더십에 관심을 갖는 사람들은 그간 여성 활동가들이 실천적으로 지향해온 양성평등 사회의 실현과 같은 비전을 리더십 차원에서 이어받아 계승하면서 여성의 행위성(agency)을 집단적으로 사회적으로 더욱 확장시키고자 하는 의지를 갖는다고 생각한다.

기초적으로 여성주의 리더십은 다음과 같은 세 차원의 중층적 실천과 과제 안에 주소를 둘 수 있을 것이다.

· 탈가부장제 전망 속에서 여성주의 사회를 실현하기 위해서 여성 행위성의 총량이 증진되어야 한다. 이는 여성주의 리더가 집합적 규모로 성장해야 함을 의미한다.

· 여성 안의 차이들을 반영하여 여성 집단 각각은 자신의 고유한 사회 문화적 정체성 안에서 영향력을 발휘할 수 있어야 한다. 각급 조직 내의 여성운동 리더, 여성 정책 입안자, 사회주부 등 다양한 공간에서 다채로운 영향력들을 발휘해야 하고 이 각양각색의 자원들을 통한 성취가 공간적으로 소통됨으로써 서로 상생하고 상승하는 흐름을 만들어야 한다.

· 여성주의자 개인으로서는 개성과 독특성을 살린 자기 브랜드를 가질 수 있도록 셀프리더십을 함양해야 한다.

이상의 세 차원에서 여성주의 리더십은 상호 교차하고 상호 자극을 주면서 여성 집단과 여성 개인의 파워 수준을 끌어올린다(여기에서

1) 필자가 사용하는 '여성주의화'는 '여성화'와 구분되는 개념이다. 후자의 경우 이주의 여성화나 빈곤의 여성화에서 사용되듯이 특정 현상에서 사회적 집단으로서 여성이 드러내는 양적 대표성에 기반한다. '여성주의화'는 하나의 질적인 가치 기준에 따라 사회 내 반여성주의적 의식, 관행 및 제도가 청산됨으로써 탈가부장제를 지향하는 질서로 전환됨을 뜻한다.

파워란 여성주의 리더의 비전을 실제적으로 실현시키는 에너지이다). 이러한 세 차원이 공시적으로 전개되는 역동적 구조를 탐구함으로써 리더십을 어느 한 차원에 응결시키거나 한 차원을 절대시하게 되는 오류를 피할 수 있다. 동시에 우리 사회의 여러 부문(정치, 경제, 정부조직, 시민사회 등)에서 사회적 활동을 하는 여성들의 다수 등장, 소위 여풍(女風)이 자동적으로 여성주의 리더십 효과를 담지해내지 않는 만큼 이들이 여성주의적 리더가 되는 데 필요한 이론적 실천적 자원들에 대한 연구가 필요하다. 여성 중 직위상 리더(positional leader)와 비직위상 리더(non-positional leader) 간의 교류와 소통, 자극, 지원을 통해 형성되는 사회적 연결망에 대한 탐구도 병행해야 한다.

우리 사회의 여성주의화는 모든 사회 공간 안에서 활동하는 여성 리더들이 동시다발적으로 약진하는 가운데 차이와 이질성, 개성 등이 노출되고 충돌하는 파워의 총량에 비례한다. 동시에 이렇듯 막대한 사회적 에너지가 소요되는 여성주의 기획에 여성뿐만 아니라 더욱 더 많은 사람들이 여성주의 리더로서 몸담을 수 있기 위해서는 여성주의 장(場)이 강한 흡인력을 가져야 한다.

여성주의 리더는 자신이 몸담고 있는 조직, 집단의 장(場)에 여성주의라는 새로운 문화적 바람을 일으키는 사람이다. 마치 북경의 나비 한 마리가 날개를 펄럭이자 뉴욕에 폭풍우가 내리듯 여성주의 리더는 실천적 영향력을 통해 우리 사회를 변혁시키고 있다. 바람은 온도 차이에서 일어난다. 조직의 관점에서 보면 가부장제적 질서, 성차별주의 등 여성 억압 구조가 배태한 습하고 무겁고 정체된 공기 대신에 밝고 산뜻하고 쿨한 기운이 스며들 때 바람이 일어난다. 바람은 다시 말해 새로운 변화의 에너지이다. 필자는 이러한 착안점을 통해 유비 추론

(analogical reasoning)[2]에 바탕을 두고 여성주의 리더십 논의를 진행해보고자 한다.

2. 카오스 나비효과와 여성주의 리더십

일반적으로 자연현상과 사회현상을 설명하거나 분석하기 위해서는 서로 다른 방법론과 개념틀을 요구한다고 생각하지만 나비효과가 일어나는 물리적 사건의 구조와 리더십이 생성되고 확산되는 사회적 구조의 유사성을 찾을 수 있다면 과감하게 이 둘을 연결시켜볼 수 있을 것이다.

1) 카오스 현상과 일상세계

카오스 이론가들은 20세기 과학사에서 세 가지 큰 업적으로 상대성 이론과 양자역학과 카오스 이론을 꼽는다. "상대성 이론은 절대적 공간과 시간이라는 뉴턴 물리학의 환상을, 양자이론은 측정 과정을 제어할 수 있다는 뉴턴 물리학의 꿈을, 카오스 이론은 결정론적 예측 가능성이라는 라플라스적 환상을" 없앴다(제임스 글리크, 1993)는 것이다. 이 세 혁명 중 카오스 이론은 우리가 일상적으로 보고 접촉하는 세

2) 유비 논리란 "비유를 들어서 설명하는 논리로서 이러한 설명이 가능한 것은 우리 세계가 여러 가지 측면에서 비유가 될 수 있는 대상들을 가지고 있기 때문이다. 큰 것과 작은 것이 비슷한 구조를 가지고 있다든지, 전체 구조가 부분 구조에서 반복된다든지, 비슷한 모양을 한 것이 비슷한 기능을 한다든지, 같은 종류의 원인 조건에서 같은 종류의 결과가 나온다든지 하는 것들은 모두 유비적 논리에 의거한 설명을 가능하게 하고 예측을 가능하게 한다"는 소흥렬의 논의에서 빌려왔다(소흥렬 외 저(1995), 『논술문 강의와 연습』, 이화여자대학교출판부).

계(중간 우주)의 차원에 광범위하게 적용된다.

예를 들어 콘서트 장에서 박수는 혼돈과 질서가 교차하는 현상이다. 처음에 관객들은 개별적이고 주체적으로 자신의 들뜬 마음을 표시하는데 이는 마치 우연적으로 조합된 감정의 발산으로 보인다. 그러다 갑자기 박수를 치는 사람들의 동조 현상, 즉 박수갈채 안에서 어떤 규칙성을 확인할 수 있게 된다. 질서의 단계로 접어드는 것이다. 여러 차례의 박수를 관찰해보면 대부분 질서와 혼돈이 일정한 간격 속에서 수차 반복됨을 알 수 있다. 질서 상태와 혼돈 상태가 서로를 갈마드는 순환적 현상을 보이는 것이다. 여기에서 흥미로운 사실은 어떤 기계 같은 차원의 현상이 아니라 우연적으로 모여든 관객의 무리가 이러한 태도를 나타낸다는 것, 살아 있는 유기체들도 분명히 혼돈의 규칙에 종속되어 있으리라는 것이다(요아힘 부블라트, 2003).

카오스 이론에서는 우리의 탐구 대상 중 선형(linear) 방정식으로 풀 수 있는 질서의 섬은 아주 제한적이며 오히려 예측불가능한 혼돈의 가장자리가 광대무변함을 인정한다. 비선형계(non-linear system)는 수학적으로 예측되지 않는다. '마찰 항' 같은 예를 들어보면 이 마찰항이 없다면 단순한 선형방정식에 의해 하키의 퍽을 가속시키는 데 필요한 에너지를 계산해낼 수 있다. 마찰을 고려하면 사태가 복잡해지는데 퍽이 움직이는 속도에 따라 필요한 에너지가 달라진다. 비선형성이란 어떤 게임을 진행하는 과정 자체가 그 게임의 룰을 변화시키는 것을 의미한다. 마찰에 똑같은 중요성을 부여할 수 없는 것은 그것이 속도에 좌우되기 때문이다. 반대로 속도는 마찰에 의해서 좌우된다. 이렇게 서로 얽힌 변화 가능성 때문에 비선형성을 계산하기가 어렵다. 그러나 이 예측가능성의 난점이 선형계에서 결코 나타나지 않는 풍부한 형태를 유발한다(제임스 글리크, 위의 책).

60년대에 나온 카오스 이론은 모든 자연현상 이면에 숨겨진 복잡한 인과율의 존재를 인정하고 인과의 끈이 길고, 복잡하며, 우회적이고, 숨겨져 드러나 있지 않음을 기술하고자 하였다(최종덕, 2003). 나비효과(butterfly effect)란 카오스 이론을 일반인들에게 쉽게 설명하기 위해 기상학자인 로렌츠가 만든 용어로서 나비효과는 결국 자연 현상들이 공간적으로 분리되어 있는 것이 아니라 어떤 방식으로든 서로 연계되어 있으며 초기 조건이 미미하게 차이가 난다면 그 결과로 나타나는 현상은 매우 달라진다는 것을 함축하고 있다. 국지적인 기상에 대한 어떠한 예측도 시간 흐름에 따라 정확도가 급격히 떨어지며, 오차와 불확실성은 일련의 격동 현상을 통해 증폭되어 회오리바람이나 스콜을 대륙만한 크기의 와류로 발달시킬 수도 있다는 것이다. 그런데 그 싹은 바로 한 마리 나비의 날갯짓일 수 있다! 날씨의 경우 단기 예측은 어느 정도 들어맞지만 최근의 발달된 기상학으로도 장기 예측이 어려운 원인은 바로 이 나비효과 때문이라는 것이다. 우주선이나 행성의 궤도(거시 우주적 현상)에 대한 계산이 구름의 생성과 발달 경로(중간 우주적 현상)보다 더 정확한 이유도 이 때문이다.

못이 없어 편자를 잃었다네.
편자가 없어서 말을 잃었다네.
말이 없어 기수를 잃었다네.
기수가 없어서 전투에 졌다네.
전투에 져서 왕국을 잃었다네.

(제임스 글리크, 위의 책)

외국의 이 전래 동요는 부정적으로 전개되는 나비효과를 잘 드러내준다. "첫 단추를 잘 끼워야 한다"는 우리 속담에서도 초기의 작은 변수가 궁극적으로 굉장한 규모의 파국을 가져올 수 있음을 경계하는 것이다. 반대로 긍정적인 방식으로 초기 조건을 차이나게 한다면 긍정적인 패턴의 눈덩이 효과가 생길 수 있다. 예를 들어 일상성에 물들어 있던 나와 다르게 첨예한 의식을 갖고 실천하는 여성주의 리더를 우연히 만나게 되었는데 그 이후 그녀의 친구의 친구들과도 교류하면서 여성주의 장에서 활동하게 된 경우를 들어보자. 첫 출발은 한 여성주의 나비의 날갯짓과의 조우였지만 그녀의 가루가 내 온몸에 퍼지고 내 스스로도 여성주의 리더로서 발돋움할 수 있는 계기가 만들어질 수 있다. 우리 사회의 여성주의화 역시 "시작은 미미하나 그 끝은 창대하리라"는 성경의 한 구절처럼 나비효과가 일파만파로 집단적으로 확산되고 또 그 과정에서 질적으로 성숙하게 되는 모습이라고 해석할 수 있다.

"자연은 반복을 싫어한다"는 말처럼 우리의 일상 현상들에서 기계적으로 단순하게 반복되는 것은 오히려 매우 적은 부분이어서 연역적 자연법칙에 의한 설명과 예측이 어렵다. 그러나 그 대신 복잡성은 풍요로움과 무한한 복수성의 차이가 배열되게 하는 원리이기에 자연현상이 다채로울 수 있는 것이다.

카오스 현상에 내재한 복잡성의 모형을 정리하면 다음과 같다. 복잡현상의 과정은 ① 서서히 연속적으로 변화하지 않고 누적되다가 갑자기 나타난다. ② 아주 많은 수의 자유도를 지닌다. ③ 고전물리학이 다루는 닫힌 계가 아니라 생명계가 열린 계이듯이 그런 열린 계이다. ④ 비선형계이므로 환원주의나 분석적 방법론으로 접근할 수 없고 전일적(holistic) 유형을 지닌다(최종덕, 위의 책).

2) 열린 계로서 사회 조직

프리초프 카프라는 『히든 커넥션』에서 사회 시스템을 자기생성적인 커뮤니케이션 네트워크로 보고 있다. 인간조직은 하나의 네트워크로서 조직화되거나 그 경계 내에 작은 네트워크들을 포용할 때만 생명계가 될 수 있다(프리초프 카프라, 2003). 이는 인간조직이 새로운 정보의 유연한 흐름을 수렴하여 자기 쇄신을 거듭할 때, 즉 열린 계로서 작동할 때 생명력이 유지될 수 있음을 뜻한다.

후기 산업사회의 급격한 정보사회화 흐름을 보면 이러한 변화가 인간조직과 의식에 미치는 영향 또한 매우 크며 그 핵심에 유연성과 창발성이 기본 정신으로 자리잡고 있다고 볼 수 있다. 열린 사회는 사회적 자유도가 지속적으로 증가되어간다는 것을 함의하므로 이제 '얼마만큼 사느냐'라는 생활 기회의 문제를 지나 '어떻게 사느냐'라는 생활방식의 문제가 중요한 관심사로 대두된다(윤혜린, 2002). 이에 발맞추어 표준적이고 규범적인 삶의 기준의 보편성보다는 개인의 자율적 선택과 개성적 삶을 더욱 높게 가치 평가하는 문화적 환경이 요구된다.

조직 사회를 보면 과거 조직을 운용해온 관행이나 규칙들을 기계적으로 적용할 수도 없고 소수의 주도적 개인들이 변화를 계획하고 조직을 전담하는 것 역시 어려운 상황에 처해 있다. 가장 정교하게 계획된 조직 중의 하나인 기업이라 할지라도 단지 강력한 팀워크나 강한 공동체 의식, 공동의 가치관을 중심으로 형성된 집단 정체성으로만 유지되지 않는다. 외부세계에 대한 개방성을 수용하여 새로운 생각과 새로운 사람에 대한 포용력을 발휘하지 않는다면 사후 경직성을 드러낸다.

"사람이 태어날 때는 부드럽고 약하지만, 그가 죽을 때는 단단하고 강해진다. 온갖 풀과 나무도 태어날 때에는 부드럽고 여리지만, 그것이 죽어갈 때에는 말라 비틀어진다. 그러므로 단단하고 강한 것은 죽음의 무리이고, 부드럽고 약한 것은 삶의 무리이다. 그래서 군사가 강하기만 하면 이길 수 없고 나무가 강하기만 하면 부러진다. 강하고 큰 것은 낮은 곳에 있고 부드럽고 연약한 것은 높은 곳에 있다." (도덕경, 76장)

우리가 전형적인 열린 계로서 생명체에서 배우는 내용은 바로 자연의 카오스적 혼돈 현상에 내재한 변화와 성장의 잠재력이다. 환경이 동요할 때 불안정, 두려움, 혼돈, 자기의혹, 고통, 존재론적 위기감은 당연한 반응이다. 그러나 불확실과 혼돈과 의혹에 깊이 침잠한 후에 약하고 새로운 생명의 맹아가 갑작스레 창발한다. 이 창발 과정은 철저히 비선형적이고 복합적인 피드백 고리를 포함하기 때문에 전통적인 선형적 추론 방식으로 완전히 분석할 수 없고 전일적인 이해를 통해서 그 질서를 파악할 수 있지만 막연한 신비로움은 아니다.

살아 있는 모든 네트워크는 창발적이다. 생명은 혼돈이 닥칠 때 이 혼돈을 인식해서 어떤 식으로 반응할 것인가를 결정하는 새로운 정보 네트워크를 생성한다. 기계는 외부 설계에 의해 통제되고 조절되고 프로그램화될 수 있지만 생명계는 스스로 새로운 정보의 수용을 통해 구조를 변화시키는 자기 조직성으로 위기에 대응할 수 있다. 결국 의미 있는 혼돈이 조직의 관심을 끌면서 구조변화를 유도한다(프리초프 카프라, 2003).

에티엔느 웽거 등은 움직이는 커뮤니티(community of practice), 즉 COP 모형을 통해 "동일한 관심사와 일련의 문제, 어떤 주제에 대한 열정을 공유하고 있으면서, 지속적으로 상호작용하는 과정을 통해서 이 분야에 대한 지식과 전문성을 보다 깊이 있는 것으로 만들어가는 사람들의 집단" 이 창출해내는 힘을 강조한다(에티엔느 웽거 외, 2004). 이 집단의 성원들은 상하 위계적인 팀이나 공식조직이 아니기에 일정한 규칙에 따라 움직이지 않는 유동성을 특징으로 한다. 이들은 팀 활동의 문제점을 자신의 커뮤니티에 가지고 가서 도움을 받거나 새로운 해결방안에 대해 토론하며 문제를 의미화하는 능력을 보강한 뒤에 다시 본연의 팀 프로젝트로 돌아가는 다중 멤버십 학습 사이클을 갖는다(위의 책, p.41). 공식조직은 이러한 비공식적 커뮤니케이션이 활성화될 수 있는 사회적 공간을 제공함으로써 조직문화의 경직화를 차단하고 조직 안에 새로운 기풍을 진작할 수 있다.

이렇듯 움직이는 커뮤니티의 생성, 창의성과 학습과 변화와 발전이 생명계에 내재된 특징이라면 이런 과정들은 모든 조직에 일반적으로 적용 가능한가? 생명체는 본질적으로 새로운 질서의 자연발생적 창발을 특징으로 하기에 하나의 인간조직에서 창발적 해결책으로 떠오른 내용이 다른 문화를 지닌 다른 조직에 전달되지는 못한다. 특정한 조직문화 내에서 제시된 특정한 맞춤식 해결 방안이란 이런 속성 때문에 변화의 모델을 모방, 직수입하려는 태도는 문제점에 봉착한다. 새로운 구조를 창발시킨 묵시적 배경지식들과 의미의 정황을 고려하지 않은 채 성공이 검증된 사례만 형식적으로 수용하기 쉬운데, 이는 실패로 가는 길이 되는 것이다. 지식경영, 임파워먼트, 구조조정, 컨설팅 등 아무리 전례없는 구조적 혁신을 표방하는 경영 전략이더라도 구성원 간에 의사소통과 의미의 공유에 이르지 못한다면 잠재력과 활력이 끊기게 되어 고사할 수 있다(가이 브라우닝, 2005 참조).

리더십 이론에는 외우고 익혀야 할 전범이 따로 있을 수 없다. 리더십은 이론이기보다 오히려 실천이며 그것도 구체적인 현장에 기반한 문제해결 과정과 동반할 때 장차 발전을 기약할 수 있다.

3) 나비효과와 조우한 여성주의 리더십

진화의 역사는 작은 생명체들뿐만 아니라 인류 집단이 시도한 새로운 행동의 개시가 진화의 불을 지피는 역할을 함을 보여준다. 인간은 진화의 가장자리에서 계속 틈새를 뚫고 새로운 서식지를 찾아내고 새로운 행동의 가능성을 열어왔다. 예를 들어 아프리카에서 살았던 것으로 보이는 오스트랄로 피테쿠스와 호모는 두 종류의 초기 인류인데 이 둘의 행동은 상이한 경로를 밟았다. 둘 다 동굴 생활을 했고 하이에나와 표범의 동굴 습격은 공통적인 위협 요소였다. 전자는 날씨가 추워지면 별 대책 없이 동굴 안으로 들어가기를 해마다 반복한 반면 후자는 맹수로부터 위험을 피하는 방법을 학습하여 전 집단이 그에 대한 대응을 할 수 있었다(R. Cooper, 1996). 누군가 새로운 일을 한 것이다! 비슷한 경로를 따라 인류는 원숭이와의 공통 조상에서, 유인원으로, 유원인으로 그리고 호모 사피엔스사피엔스로 진화하였다.

이와 유사하게 여성주의 리더는 새로운 실천의 개시자이다. 가부장제가 성차별주의를 통해 오랜 동안 여성 집단을 열등하고 결핍된 성이라고 규정하면서 삶의 기회를 박탈해왔지만 여성들은 생활문화의 혁신을 이루고, 남성중심적 사회 공간에 과감히 진입하고, 가부장제 구조 자체를 변화시키기 위해 노력해왔다(장필화, 2004).

여성주의 리더는 약자, 희생자, 제2의 성, 세계사의 최후의 식민지 등등 여성 집단 안팎에서 사회의 주변적 역할로 한정짓는 규정성들을 넘어서기 위해 불굴의 정신을 매개로 하여 스스로를 역사의 전면으로 진입시키고 있다. 그리하여 주변의 장을 바꾸고 조직의 규칙을 바꾸고 삶의 결과 가치를 바꾸는 광의의 변혁적 리더십[3)]을 발휘하는 중이다. 여성주의의 변혁적 리더십은 좁게는 한 조직의 문화에서부터 넓게는 사회 공간 전체에 파급효과를 미쳐서 삶의 의미구성에 개입해 들어간다. 마치 카오스 이론의 나비효과처럼 여성주의 리더의 날갯짓은 가부장제의 낡은 장(場)을 청소하는 폭풍우를 몰고 온다.

다시 인류의 역사를 되돌아보면 동굴에서 나오기로, 혹은 서서 걸어보기로 시도한 날갯짓이 있었다. 위험을 무릅쓰고, 관성이 주는 예측가능성 속의 편안함에 안주하지 않고 시도했던 몸짓이 있었다. 여성주의 리더는 또 하나의 복잡계(complex system)인 우리 사회 안의 존재이다. 한 명의 리더가 만들어지고 그 리더가 활동해가는 궤적이란 무수한 변수와 상황 요인들, 개인적 요소와 시대정신이 복합적으로 아우러져 만든 합작품이다. 그리하여 필자는 이러한 리더가 만들어지고 그의 영향력이 파급되는 경로에 관한 모형으로 '카오스의 나비효과' 리더십을 시험적으로 구성해보고자 한다.

신분제건, 가부장제건 그 사회의 구조적 조건에 얽매이지 않고 치고나가는 사람이 있다. 스파르타쿠스나 허난설헌 같은 사람들이다. 그들은 그 개인이 부재하지 않고 존재했던 바로 그 초기조건을 만듦으로

3) 원래 변혁적 리더십은 거래적 리더십에 대조되는 리더십 유형으로서 조직 구성원들의 신뢰를 통해 조직의 비전을 공유하고 멘토링이나 권한 위임을 통해 부하들이 잠재적인 능력을 모두 발휘할 수 있도록 하고 부하들이 조직에서 더욱 유능해질 수 있도록 한다. 반면 거래적 리더십은 리더가 어떤 행동이나 보상, 인센티브를 사용해서 구성원들로부터 바람직한 행동을 일으키는 과정이며 이 때 거래(transaction) 혹은 교환(exchange) 관계가 성립하는데 부하의 업무 수행 혹은 순응을 보상과 연계시키는 것이다(최정순, 2004). 거래적 리더십이 여성주의자에 의해 전혀 채택될 수 없는 것도, 또 변혁적 리더십만이 전적으로 선호되어야 하는 것도 아니다. 필자는 단지 팀 단위의 협소한 변혁적 리더십이 아닌 사회의 여성주의화라는 변화의 맥락에서 변혁적 리더십을 재해석할 수 있다는 것이다.

써 역사를 진전시켰다. 그러나 길게 보면 구조적 억압에 대한 저항은 사회 법칙과 유사한 어떤 필연성을 가지며 이를 내면화한 행위자의 실천을 매개로 하여 사회가 변화한다.

행위성이 단지 역사적 조건에서 결정되어 나온다면 시대적 인물의 각양각색의 컬러가 불가능하다. 예를 들어 버지니아 울프 시대는 제1물결 여성주의가 형성되던 시대였다. 일반적인 여성주의자들은 공민권, 남성과 여성에 대한 동등한 교육 등을 주장했지만 그녀는 그 차원에 머물지 않았다. 제2, 제3물결에서도 접합될 수 있는 여성주의 의미세계의 중첩성을 두텁게 쌓은 그녀의 정신의 두께는 세월을 흘러 지금의 여성주의자에게까지도 영감을 주면서 시공간적으로 연결된다. 그녀가 불특정 독자를 대상으로 한 저자로서의 영향력을 끼치기에 '리더'라고 할 수 있을지는 논란의 여지가 있다. 단지 그런 특이한 인물들이 시대를 뛰어넘어서까지 효과를 발생시키는 나비와 같은 영향력에는 주목해 볼 수 있겠다. 이 유형은 그 시대의 구조적 제약에 속박당하지 않은 행위자의 의식과 실천을 미시적으로 포착할 때 발견되고 적극적으로 해석될 수 있다. 역사는 분포적으로(distributely) 그런 창발적 개인들을 만들어낸다.

나비효과 리더십은 역사 결정론이나 구조 결정론에 반대하는 비환원주의로서 개인 행위와 시대정신을 연결시키는 모형이다. "그 사람이 변화의 주도자였다"는 명제는 "그 사람이 그 자리에서 그런 역할을 하지 않았다면 그런 변화는 없었을 것이다"와 같은 반사실적(counterfactual) 조건문을 통해 정당화된다. 그들의 성취에 대해 개인의 몫인가 시대의 몫인가라는 배타적 이분법에 의해 판단내릴 필요는 없다고 본다. 장기적으로 보면 여성주의 가치에 공감하는 시대정신이 또 하나의 이상한 끌개(strange attractor)[4] 역할을 하고 있는 것이 아닐까?

3. 여성주의 리더의 자원

여성주의 리더십이 여성주의 리더들의 실천과 인식의 총화라고 한다면 리더가 구현하는 리더십의 구성요소에 주목할 필요가 있다. 물론 리더십이 리더 개인의 타고난 특질이나 품성이라기보다는 구성원과의 관계에서 창출되고 실현되는 관계적 속성임을 인식하면서도 행위자로서 리더 개인의 역능을 상술해볼 수 있다.

1) 다이아몬드의 균형성

쾨스텐바움이 개발한 리더십의 '다이아몬드 모형'(Koestenbaum, 2002 ; 리더는 가치적 '전망' 속에서 '현실'적 변수들을 고려하면서 행위의 '윤리성'을 담보로 하며, 길을 개척해갈 수 있는 '용기'를 동력화하는 네 항목들을 좌표로 하여 리더십을 구현함)을 여성주의 리더십에 적용시켜 구성 요소를 전망, 현실인식, 윤리, 용기로 나누어 체계화해 볼 수 있다. 그리하여 필자는 여성주의 리더에 대해 "여성주의 가치 전망 속에서 여성에 대한 각종 가시적, 비가시적 억압, 상황요인, 집단의 편견, 문화 규칙 등에 대한 현실 인식을 바탕으로 도덕적 수단을 통해 장애물들을 극복하고 용기 있게 리더십을 구현하는 존재"로 인식한다.

구체적으로 이들의 전망(vision)은 현실 세계와 다른 가능 세계에

4) 카오스 이론이 다루는 난류 현상에서 뒤엉킨 유선, 나선형의 소용돌이가 위상전이 상태에서는 일정한 패턴으로 수렴되는 질서를 말함(제임스 글리크, 위의 책).

대한 구상력을 통해 설계된다. 이들은 이러한 비전을 만들고 이에 따라 탈가부장제 사회를 미리 그려보면서 새롭고 평등한 질서를 선취해서 '지금 여기에서' 행동하고 실천하는 힘으로 전화시킨다.

이들은 또한 예리한 현실인식을 놓치지 않는다. 현실적 조건과 역량, 단계에 대한 정확한 이해를 통한 전략 개발을 중시한다. 특히 여성주의 집단의 게토화나 고립을 넘어서기 위해 여성들의 역량 강화를 도모할 수 있는 다양하고 유연하고 창의적인 전술을 구사한다.

이들이 갖는 윤리성의 자원은 문제 해결 수단에 대한 윤리적 성찰을 포기하지 않고 비윤리적 수단의 편리함과 신속함, 강력함과 과감히 결별하는 능력과 행동을 뜻한다. 윤리성의 차원을 여기에서 좀더 넓히면 다른 사회적 소수 집단들과의 연대, 다양성의 공존, 다양한 개성주의의 조화를 보장하는 내용을 갖는 여성주의 철학의 가치론의 수용과 접목된다.

이들의 용기는 자기긍정, 결단, 내공, 진취성, 낙관주의, 힘북돋우기 등 크게 보면 셀프리더십 개발과 연관된다. 사회적 소수자로서 여성이 더 이상 잃을 것이 없는 상태에서 이후 비상을 예감하는 상황에서 더군다나 '시간은 우리 여성 편에 있기에' 과감한 실험과 실천을 행하는 것이다.

** 균형 잃은 다이아몬드

* 리더가 전망을 결여하면 용기도 있고 팀 정신도 있고 리더십을 증거하는 사실들이 아무리 많아도 그녀/그가 어디로 가고 있는 것인지 아무도 모르게 된다. 실제로 이런 종류의 비전을 결여한 리더나 조직에 대한 불평불만, 문제제기가 제일 빈번하다.

* 리더가 현실인식을 놓치면 이런 사람은 충분히 우호적이고 또한 용기가 있으나 그 현실감 결여로 인해 위험하다. 그런 리더를 만나면 사실상 구성원들의 자원과 기회를 다 탕진해버리거나 소모시킬 수 있다.

* 리더가 윤리성에 기반하지 않으면 전망도 있고 매우 실용적인 감각과 사고를 겸비했다 해도 장기적으로 볼 때 '사람'을 키우지 못한다. 사람이 그들에게 과업을 위한 숫자, 대상, 도구, 사물에 불과하고 영혼이 아니고 느낌의 중심이 아니라면 사람들은 그녀/그와 함께 일하고 싶지 않을 것이다.

* 리더가 용기가 없다 해도 위대한 전망을 갖고 성공 사례들을 많이 축적하고 있으면 개인적으로 근사하고 매력 있는 인물일 수 있다. 그러나 용기가 필요한 순간 즉 이니셔티브를 쥐고 행동해야 할 때 그녀/그가 부재하다면, 비유적인 의미에서 '휴가중'이라면 결정적인 기회들을 놓치고 만다.

전망, 현실인식, 윤리성, 용기라는 리더십의 네 가지 구성요소는 리더 개인 안에서 구현되는 자원으로 설정되지만 사회 전체로 보았을 때는 색다른 해석이 가능하다. 즉 '현실인식'은 기업인에게 가장 큰 장점으로 기능할 수 있고 '윤리성'은 NPO 섹터의 덕목일 수 있을 것이다. 그렇다고 해도 우리 사회의 어떤 현장에서 발휘되는 리더십이더라도 이 네 가지가 공히 균형 있게 발휘될 때 가장 이상적인 모습이 창출되리라는 것이다.

만일 여성의 어머니 노릇을 리더의 자원으로 분석해보면 어떻게 될까? 일단은 몸으로 마음으로 생명을 낳고 기르는 일에 내재한 무한 가치를 긍정할 수 있으며 그러한 보살핌이 사회 곳곳에 시공간적으로 파급되고 확산되어 여성주의의 새로운 질서를 '전망'하게 한다고 볼 수 있다. '현실인식' 측면에서 볼 때 보살핌에는 상대방이 무엇을 필요로 하는지 알아채는 능력 그리고 상대방의 발전을 위해 어떤 도움을 주어야 하는지 판단하는 능력 등이 포함된다. 보살핌이 '윤리성'을 담보하려면 약자에 대한 사랑, 포용, 헌신 등 비계약적 가치를 전승해야 하고 특히나 가족 이기주의로의 함몰, 즉 과도한 가족 중심성을 경계해야 한다. 어머니 노릇에 필요한 '용기'에 대해서는 그것이 어떤 것인지를 묻지 않아도 될 정도로 우리의 경험적 모성 안에는 강한 인내와 여러 삶의 위험 요소에 대한 극복 노력 등이 전경화되어 있다.

2) 카리스마의 변혁성

'카리스마'는 원래 '신이 내린 은총'을 뜻하며 신분제 사회나 권위주의 사회에서 지도자가 보통 사람에게는 허용되지 않은 고도의 탁월한 속성을 지니면서 집단 정신을 일체화해냄을 말해주는 용어이다. 현대 리더십 이론의 발전 과정에서 훌륭한 리더십은 리더 개인이 타고난 비범한 능력에 의존하지 않고 개인으로서 자신의 잠재력을 최대로 끌어올린 성취에 기반한다고 상정된다. 더군다나 사회가 민주화되는 과정과 더불어 리더십의 독점화와 통제적 실현 방식은 경계된다. 그리하여 우리는 '카리스마적' 지도자에게서 부정적인 뉘앙스를 느끼는 경향이 생겨났다. 하지만 또 한편으로 그간에 카리스마라고 일컬어져왔던 힘에 대해 "목욕물을 버리면서 애까지 버리는 오류"를 범하지 말자는 생각도 하게 된다. 카리스마가 꼭 명령적이고 위압적이고 통제적인 권위주의와 짝이 되는 것이 아니라 심리적이고 감정적이며 애정적인 것과 관련될 수 있는 맥락에 대한 모색이다. 지도자와 성원이 일방적 조종 관계 하의 주체—대상 관계가 아니라 상호 주체 관계에 있는 동등한 참여자로 인식되어야 함을 기본 바탕으로 하면서 그 과정에서 생성되는 힘을 동력으로 하여 사회구조의 변혁을 지향하는 여성주의 입장에서 카리스마를 변혁적 리더십의 구성 요소로 적극적으로 요청하고 재해석해보면 다음과 같다.

* 카리스마(charisma)

리더가 리더 자신에 대한 강한 정서적 동일시를 일으킴으로써 구성원들에게 영향을 미치는 속성으로서 변혁적 리더십 구성 요소 중 가장 강력한 비중을 차지한다. 카리스마 리더는 변화에 대한 구성원들의 저항감을 해소시키고 정서적 상승 분위기를 이끌어 기대와 흥분을 조성해낸다. 또한 리더 스스로 강한 자신감을 지니고 있고 타인에게 영향력을 행사하고자 하는 욕구가 강하며, 뛰어나 의사소통 기술을 갖고 있고 목표를 이념적 형태로 전환하여 명확하게 제시할 수 있으며 자신이 제시한 비전과 사명을 달성하도록 구성원들의 동기와 정서를 불러일으키는 능력을 지닌다.

* 개별적 배려(individualized consideration)

리더가 구성원들에게 개별적인 관심을 갖고 그들을 신뢰하고 존중하며 책임감을 고취시켜 학습하는 것을 도움으로써 그들을 육성한다. 이 때 리더는 이들의 개별 욕구와 가치관에 대해 깊은 통찰력을 지니면서 아래로부터 위를 바라보는 시각에서 사물을 판단하며 구성원들의 능력 발휘와 동기 부여가 효과적으로 이루어질 수 있도록 하기 위해 개인적인 성향에 기초하여 과업을 할당하며 도전적인 직무를 배정하거나 책임을 증대시킨다. 개별적 배려를 통해 리더와 구성원은 직접적으로 접촉하고 양방향 의사소통을 이루게 된다.

* 지적 자극(intellectual stimulation)

리더가 구성원들로 하여금 문제에 대한 인식을 증가시키고 새로운 관점에서 문제를 바라보도록 영향을 미치는 과정에 필요하다. 이러한 리더는 스스로 지적 소양이 풍부해야 하며 이러한 지식을 통해 그들에게 새로운 아이디어를 제공함으로써 도전의식을 느끼게 하고 일상적인 문제에 대해서도 새로운 방식으로 생각해보도록 자극한다. 구성원 스스로 자신이 갖고 있던 기존 가치, 신념, 기대 등에 대해 의문을 품도록 유도하고 또한 현재의 당면 문제를 해결하는 데 적절치 못하거나 진부한 조직 내용에 대해 회의를 갖도록 자극한다.

* 영감적 동기화(inspirational motivation)

리더가 구성원들에게 비전을 호소하고 다양한 상징들을 사용해서 이들의 노력을 고무시키며 적절한 행동적 모델링을 제공하는 것이다. 이를 위해서는 구성원들에게 자신의 기대를 명확히 전달하고 팀 정신을 창출하며 자신의 일에 열정을 갖도록 해야 한다.

** 변혁성을 잃은 여성주의

* 카리스마가 결여된다면 무엇보다 조직 변화의 추동력이 떨어지기에, 조직을 물려받고 간수하는 관리 과정이 아니고 새로운 여성주의 가치 전망에 따라 새로운 조직의 내용과 형식을 만들어내야 하는 구성

적 상황에서 이 점은 심각한 문제로 진단될 수 있다.

* 카리스마는 있으나 개별적 배려를 못할 때는 리더에 대한 충성도는 강하지만 의존도가 높아지고 개성적인 차세대 리더로 개개인을 발전시키기 어렵다. 균질적으로 양성되는 조직 인자들에게는 인적 요소들 간의 시너지가 창출되기보다 현상적 안주 현상이 일어날 수 있다.

* 변혁적 리더로서 다른 요소들은 갖추었지만 지적 자극을 줄 수 없을 때는 집단 전체적으로 의식 수준이 제고되기 어렵다. 이러한 점은 선진 지식 중심의 새로운 조직 가치를 만들어내는 데 큰 장애가 된다.

* 리더가 영감을 불러일으키지 못할 때는 활력 있고 창의적인 차세대 리더집단이 육성되기 어렵다. 리더는 구성원들에게 항상 본보기가 되는 셈인데 본인 스스로 의식이나 정서의 진부함을 면치 못하는 상태라면 조직 안에 쇄신의 바람은 일어날 수 없다.

3) 파워의 진정성

베른하르트 그림은 『권력과 책임』에서 인류사를 보면 권력이 항상 '다른 사람에 대한 권력'이자 '타인에 대한 착취'였다고 말하면서 사람에 대한 권력이 사람을 위한 권력으로 바뀌는 것은 불가능한 일인지를 묻는다(165쪽). 또 어떻게 하면 권력을 다른 사람에게 힘을 북돋우는 권력으로 전환시킬 수 있을지를 묻는다(171쪽). 그가 보기에 권력이란 자신의 인간적, 개인적 존재성을 실현하려는 노력을 통해서 인간으로 발전해나가는 길이라고 말한다(170쪽).

가부장제 하에서 여성은 '권력'과 어떤 역사적 관계를 맺어왔는가? '권력'을 억압적이고 위계적인 사회 질서를 유지시키기 위한 전형적인 강제력 행사로서 타인에 대한 '통제력'이나 '지배력'과 동치시킨다면 아이 기르며 살림했던 보통 여성들의 실천들은 무력했거나 혹은 권력과 무관했다고 볼 수 있다. 정치, 경제, 군사적 측면에서 사회적 지배력을 행사해온 소위 '세계사적 인물' 안에 들 수 있는 여성은 소수였다. 권력이 남성들끼리의 비즈니스였던 역사가 참 길었다. 승패가 확연히 갈리는 권력 투쟁은 남성들 안에서 너무나 자연스럽고 불가피한 사회의 현실태로 받아들여진다. 그들은 승자로서나 패자로서 별 변명이 없다. 지배를 위한 힘에 대한 의지도 피지배 하에서의 굴종감도 사회적이고 조직적인 게임의 규칙으로 보는 것 같다.

그런데 우리가 여성과 관련하여 '권력'을 가치 차원에서 음미해보면 논의가 복잡해진다. 주로 재생산 영역에서 이루어졌던 여성들의 노동에 대해 가부장제적 시각이 아닌 여성의 시각으로 재평가해보면 여성의 수고로운 돌봄 양식은 실로 세계사적 노동으로 부상한다. 여성은 소위 남성적(masculine) 의미의 권력 주체가 아니었을 뿐 자신의 행위를 통해 삶의 가치를 실현해온 행위자였고 따라서 그녀들은 매우 위력적인 존재들이었다고 볼 수 있다. 가부장제라는 억압의 촘촘한 그물망에 포획됨 없이 살아남은 그 생명력의 원천(타인에 대한 돌봄 과정에서 훈련되고 요구되는 헌신성과 책임감, 지혜, 용기, 직관력, 감수성 등)은 후배여성들에게 매우 두텁게 전수되었다. 이렇듯 여성이 긍정적 가치 차원에서 보유하고 전수해온 힘은 권력인가 아닌가? 가부장제적 억압에도 불구하고 여성의 일은 가치를 담보했기에 여성이 행위 주체였다는 이야기는 약자를 위한 변명 / 패자의 자기 위안 / 연민의 덫 / 집단적 허위의식인가? 아니면 역사의 간지 / 주인－노예 변증법의 나선형 경로인가?

분명한 것은 외부에서 할당받은 젠더 분업은 이제 청산되어야 한다는 것이다. 자율적인 선택에 따라 자신의 삶을 통제하는 힘이 여성 안에서 나와야 한다. 여성이 적어도 세계사적인 패자는 아니었다는 소극적 차원의 평가 대상이 아니라 파워 게임의 규칙을 새로 쓰는 데 주체로서 공히 참여하기를 소망하기 때문이다. 엘슈테인의 말처럼 "여성은 위력적(powerful)이면서 동시에 무력했다(powerless)" 해도 이제 여성주의 리더는 전방위적으로 위력적이기를 희망해야 하는 것이 아닌가.

질문은 계속된다. 타인의 자유의지에 반하여 통제력을 행사하는 힘이 부정적 의미의 권력이라면 타인의 자유를 증진시키기 위해 영향력을 끼치고 우리 자신의 힘(strength)을 발견함으로써 어떤 것을 해내는 힘은 긍정적 의미의 권력인 것인가? 가부장제적 억압에 맞서기 위해 여성을 조직하고 동원하고 집단화해서 권리를 확보하는 일은 일종의 권력 투쟁인가? 가부장제 권력에 대응하는 여성주의의 권력 행위는 권력이라는 동일 속성에서가 아니라 그 권력의 목표가 무엇인가에 의해서 긍정적 혹은 부정적으로 평가되어야 하는가? 여성주의는 대안 권력의 제시를 자신의 프로젝트로 하는가 아니면 권력의 해체를 도모해야 하는가?

이상의 물음들 안에 여러 번 사용되고 있는 '권력'[5]이란 용어는 그 뜻이 다양하다. 권력, 권익, 권능, 주권 등의 의미가 분산 혹은 중첩되어 있다.

5) 파워의 네 가지 범주는 이상화(2005)의 "리더십과 권력에 대한 여성주의적 재개념화" (10~12쪽)에서 그 기본틀을 빌려와 필자 나름대로 해석해본 것이다.

* power over－법적 강제력 등으로써 남성지배를 청산하는 권력이자 여성의 권익 침해를 시정하는 권력 개념.,

* power with－지도자의 권력 독점이 아닌 구성원 간의 권력 분산과 공유를 원칙으로 하면서 공동의 목적과 관심에 따라 집단적으로 기획되고 발휘되는 집합적 권력 개념.

* power to－일을 해낼 수 있는 권능 개념.

* power from within－내면적 에너지 증진을 토대로 한 개인 주권의 개념.

파워가 갖고 있는 이 각각의 측면은 '임파워먼트'(empowerment)에서도 재현된다. 주로 여성 정책에 도입되는 성별 주류화(gender mainstreaming) 관점에서는 사회적 소수자로서 여성 집단에 대한 권한 증진 혹은 세력화를 통해서 여성의 삶의 질을 높이고자 하므로 '힘 갖추기'나 '힘 보여주기'가 적절한 맥락이 된다. 기업에서 조직 구성원들의 역량을 결집시켜 시너지효과를 생산하고자 하는 의미에서는 조직 상하 간의 위계 질서가 아닌 쌍방적 의사소통, 분산적이고 병렬적인 연결 구조를 만들고자 하므로 팀 간, 팀 내 역학 안에서 권한을 부여하는 '힘 나누기'와 이를 통해 다시 '힘 합치기'의 역동적 과정이 중요하게 도입된다. 개인 안의 차원에서 보면 '힘 내기' 과정이라고 불리는, 소위 자기 리더십(self leadership)과 연관될 수 있다.

여성주의는 '권력'의 여러 중층적 의미들과 관련을 맺기 때문에 어떤 종류의 권력에 주로 의지할 것인가는 구체적 사회적 맥락과 환경, 조건에 따라 유연하게 설정할 필요가 있다. 여성주의가 물리적 강제력이 아닌 지적 · 도덕적 권위로써 양성평등 사회를 이루어낼 수 있으면 최선이지만 국면과 이슈에 따라 효과적인 수단은 달라질 수 있다. 남성 지배의 역사와 방식에 대응해야 하기 때문이다. 그럼에도 불구하고 여성주의 공동체가 권력의 면역지대일 것이라는 소박한 기대가 아니라 여성주의적 원칙의 견지가 소중하다는 가치 판단은 살아 있어야 한다. 여성주의는 관계에서의 민주성과 권위주의의 청산, 권세로서의 권력 구사가 아닌 영향력의 전파 경로들이 실험되는 개념적 장이어야 한다.

다시 현실 사회로 돌아와서 여성주의 집단 내 역할 분담이 가능한지 혹은 필요한지의 문제를 검토해보자. 여성이 전통적 의미의 권력에서 소외되고 권력 게임을 낯설어하며 자신의 권력화에 대한 내면적인 경계심을 유지하는 것이 현재의 모습이라면 그 양태는 긍정적일 수도 있고 부정적일 수도 있다. 소위 정치판에 뛰어든 여성은 남성에게는 이미 생득적일 만큼 자연스러운 것인데 스스로는 의지와 각오로써 준비해야 할 것이 있다(being able to get their hands dirty). 경제계에 진출한 여성은 경쟁력과 수월성 제고를 독려해야 하는 현실적 부담이 있다. 가부장제적 국가, 기업, 가족 구조에서 전선이 그물망처럼 미시화되어 있기 때문에 어디가 최전선이고 어디가 후방인지 알 수 없게 되어버렸지만 소위 남성 텃세 지역을 양성의 공간으로 만들어가기 위해서 수단과 목적을 분리적으로 사고해야 하는 짐을 더 많이 떠맡는 부분들이 있다. 정치 경제적 영향력 확대를 도모하는 이들의 작업이 개인적 성취가 아니라 결국 여성주의의 중요한 자원으로 자리 매김되려면 여성주의 안에서 통합적이고 거시적인 시각이 필요한 것이 아닐까?

리더십과 권력의 관계에서 리더십이 규범적 성질이라면 권력은 추진 에너지이다. 따라서 권력을 구체적으로, 실천적으로 가동하지 못하면 여성주의의 목표가 공허해진다. 그렇다면 우리는 권력 자체를 혐오할 것이 아니라 지배권력의 역사를 성찰하고 더 발전된 권력관을 갖는 것이 필요하지 않은가 생각한다.

여성의 권력에 대한 태도를 형성하는 첫 단추는 우선 자신들이 역사적으로, 구조적으로 구체적인 현장에서 얼마나 무력화되었는가, 억압되었는가, 비가시화되었는가를 비판적으로 인식할 수 있어야 한다. 그리고 다음 단계는 가부장제 지배권력을 시정 혹은 무화시킬 수 있는 힘의 증진을 향하여 자기의 자원을 인정, 개발, 확대하는 일이다. 자신의 잠재력을 현실의 힘으로 질적 전화해야 한다는 뜻이다.

이상에서 파워의 문제가 여성주의에 하나의 아젠다로 도입되면 논의 지평이 바뀜을 알 수 있다. 이를 여성주의의 나비효과 리더십이 창출하는 권력의 3중 구조적 변화로 부를 수 있을 것이다. 첫째, 권력 내용의 변화로서 권력은 사람에 대한 지배 권력에서 사람을 위한 책임 권력으로 바뀐다. 둘째, 권력 형식의 변화로서 권력의 위계적 독점구조에서 탈위계적 분산구조로 이행한다. 마지막으로, 권력 가치의 변화로서 권력과 각 개인이 맺는 내면적 관계가 변화한다.

4. 나비로 날아오르기, 그 전사(前史) 및 후사(後事)

리더십에 관한 지침서들에서는 리더로서 성장하기 위해 시련에 던

져졌던 '단련기'(crucibles, 도가니)가 언급된다. 예로서, 워렌 베니스 등(2003)은 당사자가 단련기를 찾아나서는 것(단식에 비유됨)과 단련기가 대상을 발견하게 되는(굶주림에 비유됨) 두 유형을 언급하면서 단련기는 새로운 정체성을 비교 검토하고, 가치를 검증하고 강화하거나 바꾸며, 자신의 판단과 다른 능력들을 예리하게 다듬는 전환점이라고 한다. 또한 자신의 새로운 성찰과 새로운 개념을 위한 배양기 역할을 하며 때로는 타인의 삶에 영향을 미치는 힘을 가지고 있다는 자각이 변화의 계기가 된다는 것이다. 더 나아가 역경에서 의미와 강점을 발견하는 능력이 리더와 비(非) 리더를 구분짓는데, 재난이 발생할 때 무능력한 사람들은 소외감을 느끼고 무력감에 빠지는 반면 리더들은 목적과 결의를 찾아낸다고 말한다.

만델라의 예를 들어보자. 그는 인간성을 말살시키려는 교도관의 노력을 무산시키기 위해 강직한 품성과 상상력을 동원하여 자신을 수동적인 희생자—타인에 의해 투옥된 사람—가 아니라 (스스로) '수감 중인' 한 개인으로서 바라보았다. 교도관이 그를 일개 수감자로 정의하는 것을 용납하는 대신 스스로 영웅적인 정체성을 창출해낸 것이다. 이 정체성으로 그는 아프리카와 세계 곳곳의 수많은 사람들을 감동시키고 인종차별정책이 종식되고 다양한 문화가 공존하는 새로운 남아프리카 창조에 기여했다(워렌 베니스 외, 위의 책).

필자가 보기에 단련기는 개인의 생애에서 비약을 위한 중요한 계기라는 성격을 지니나 집단적으로도 어떤 종류의 단련기를 겪거나 통과할 수 있다고 본다. 즉 가부장제가 여성의 삶에 드리운 수련의 측면을 보면 역사상 가장 오래된 구조적 억압으로서 젠더 불평등 체제 자체가 여성에겐 가혹한 단련기라는 생각을 하게 된다. 그러므로 단련기를 꼭 개인 차원에 국한하지 말고 사회적 약자 집단의 고통의 나날들에 적용해볼 수 있을 것이다.

단련기는 개인적 시련기일 뿐 아니라 그 시대의 정점에서 어떤 적응력과 비전으로 새로운 활동을 개시해야 할 것인가를 숙고, 성찰하는 생산적 고뇌의 시기이다. 기존의 경험과 자원들로 집적된 몸체가 내부 분열하면서 고온에서 녹아내리고 새로운 주물이 하나 탄생하는 파괴와 생성의 시기이다. 그리고 과거와 마찬가지로 미래에 또 다른 모습으로 다가올 이 단련기를 어떻게 상대해야 하는지를 거듭 궁리할 수밖에 없다.

여성주의 리더의 경우 자신의 여성주의적 정체성 때문에 혹독한 시련에 휘둘릴 때도 스스로를 무기력한 존재로 규정할 수 없다. 리더십의 기본 요소인 상황에 대한 적응력이란, 우호적인 환경에서의 도약이 아니라 비우호적인 외부 현실에 노출된 자신의 삶에 모종의 의미를 부여함으로써 시련과 역경의 체험을 삶의 자원으로 통합시키는 능력이다. 단련기에 대한 여성주의자의 집단적 대응은 남성 지배의 희생자, 사회적 약자 등 부정적인 측면에 대한 투쟁과 고발, 시정촉구 등의 노력과 한편으로 그러한 유구한 억압 '에도 불구하고' 무기력화, 수동화, 노예화되지 않고 당당히 살아남아 이제는 양성평등 세상을 열어가는 주체로 자리매김하는 궤적에서 드러난다.

전통적인 남성의 세계로서 정치판에 뛰어든 70년대 한 여성의원은 남장을 통해 여성비하적 정치문화를 극복하고자 했지만 요즈음은 그런 수준은 뛰어넘었다. 지금 정치 진출을 도모하는 신예 정치인은 과거 여성 선배들의 길을 답습하지 않을 것이다. 이들은 과거에 남성중심적 조직에서 살아남아 높은 지위에까지 오른 많은 여성 리더들이 가장 많이 취한 '남성성의 수용' 전략(강시현, 2004), 즉 내면, 외면 다 남성처럼 똑같이 하는 것이 조직에서 살아남을 수 있는 유일한 길이었던 것에서 오히려 시대적 한계와 흔적을 본다.

당대 여성주의 리더들의 활동으로 인한 사회 변화는 다기한 국면들을 창출하고 있다. 여성 노동자의 이중적, 사적 부담으로 존재했던 가사 노동과 육아 등의 영역이 여성의 사회 활동에 지장을 초래하지 않도록 공공적인 사회 책임의 문제로 부각된다. 여성 개인의 직장생활은 사회구조 변화와 연결될 수밖에 없다는 것, 또한 젠더화된 역할 고정에 대한 비판적 인식을 확산시킬 수밖에 없다는 확신이 남성적 동화 전략을 수정하여 조직문화에 변화를 가져오게 하는 첫걸음이다.

여성이 무력감, 부정적 자기인식을 극복하고 자신감, 자기존중감을 강화하며 환경조절 능력을 확장하여 자신의 파워 수준을 높일 때 이러한 여성 리더들의 등장이 사회문화 지형을 바꾸어낼 수 있다. (상징적, 실제적 의미에서) "아이를 직장으로 데려와야 하는" 여성의 처지가 직장 내 갈등요소로 등장할 수 있음을 알면서도 균형잡힌 삶의 추구라는 전망 속에서 버텨낼 수 있어야 한다. 여성의 사회 진입은 공/사 위계를 흔들 뿐 아니라 노동을 통한 사회적 기여의 소중함만큼 개인 삶의 의미구성 역시 가치로움을 보여준다. 삶의 수단적 가치가 아무리 많이 확장된다 해도 행복추구, 자기실현과 같은 목적적 가치를 대치할 수는 없다는 것이다.

균형잡힌 삶에 대한 여성주의의 지향성은 "한 분야에서의 성공이 삶의 다른 분야들에서의 실패를 보상해주는 것이 아님을 인식해야 한다. 조직사회 내 구성인자로서 자신의 역할과 목표가 건강, 가족, 전문성, 개인발전과 같은 삶의 중요한 영역과 갈등을 보여서는 안 된다. 진정한 효율성과 목표 달성은 균형을 요구한다"는 브라운 외(2005)의 책에서도 강조되고 있다. '회사인간', '조직인간'으로 표현되듯이 경제발전기에 오로지 조직생활을 위해 물리적으로나 정신적으로 가정을 떠난 사람들, 영속적인 거대한 조직의 정신이며 영혼일 뿐인(워렌 베니스 외, 위의 책), 주체성을 저당잡힌 사람들이 결여한 것이 무엇인지를 놓치지 않아야 한다.

마지막으로 여성주의자들은 미래로 향한 길을 닦아야 하는 또 다른 과제를 받아놓고 있다. 여성주의라는 사회변혁의 아이콘이 몰개성화되어 고정적 이미지와 콘텐츠로 대중 영향력을 감소시키게 되는 경우를 예측해본다면 개성적 여성주의자들이야말로 여성주의 안팎의 새로운 혁신 자원이 될 것이다.

"같은 강물에 두 번 발을 담글 수 없다"는 헤라클레이토스의 상속자는 과거와 다른 새롭고 창의적인 리더십 콘텐츠를 구성해내기 위해 어제와 다른 오늘의 사고, 오늘과 결별한 내일을 전망하고자 할 것이다. 여성주의 리더는 각각 자기의 서명이 있는 리더십을 추구해볼 수 있겠다.

5. 나비효과 리더십의 의의와 자기성찰

나비의 날갯짓은 누구와 만나는가? 나비효과 리더십은 리더십의 공간적 · 인적 확산 고리에 대한 모형으로서 리더 개인에게서 발아된 리더십 싹이 일파만파로 다른 공간에 있는 다른 이들에게도 확산될 수 있는 잠재력을 갖는다. 장(場)의 변혁을 통해 다른 나비들의 날갯짓을 계속 야기해내는 일을 여성주의적으로 해석해보자면 여성주의의 세대적 재생산으로 귀결된다. 나비효과 리더는 더 많은 여성 리더가 여성주의화의 견인차가 되게끔 후세대 나비들을 재생산한다. 이는 가부장제 조직문화에 대한 개인적 저항과 비판, 혹은 개인적 성취 정도와 여부가 리더십의 판별 기준이 아니고 그 개인으로 인한 여성주의화라는 사회적 효과를 중시하는 것 덕분에 '찻잔 속의 폭풍'과 구별된다.

폭풍우는 무엇을 쓸어내는가? 폭풍우에 휩쓸려가는 것들은 대부분 그간 제대로 손보지 않고 허술하게 놔둔 도로, 제방, 건물 등 사회의 인프라 구조이다. 폭풍우는 파괴적이나 새로운 공기와 바람과 물이 유입될 수 있는 의미 있는 혼돈이기도 하다. 가부장제의 남존여비적 의식구조나 여성 리더들에 대한 가시적 · 비가시적 장애물들을 파죽지세로 철폐하고 여성의 대대적 진입을 오히려 환영하는 사회구조를 갖출 때 취약성을 극복할 수 있다.

누가 나비인가? 개인마다 개성적으로 구현하는 창의적인 리더십의 싹을 염두에 두고 일단 모형화해본 것이기 때문에 이 문제는 확정적으로 답하기 어렵다. 그들이 온 생애를 두고 만들어낸 긴 사슬로써 나비 여부는 평가될 것이다. 단지 나비는 자기가 무슨 일을 벌인 것인지 모를 수 있으나 인간 나비는 여성주의 의식과 비전을 체화하고 스스로를 성찰하는 리더가 되고자 부단히 노력할 때 리더십의 고형성(동맥경화)을 피하면서 열린 리더십, 유연한 리더십으로 접속될 수 있는 가능성이 있다.

나비효과 리더십은 어떤 종류의 성질인가? 어떤 종류의 영향력 혹은 파워인가? 리더십은 관계적 성질이자 동시에 입자/파동적 성질이다. 리더십은 지도자 안에 있는 탁월한 능력이 추종자에게 전달됨으로써 상하 간에 통제를 이루는 권력이 아니다. 리더십은 서로의 관계성 속에서 공유되어 확산되는 식으로 서로 힘을 북돋워주는 에너지 공유와 전달 회로로 보아야 한다. 리더 유일의 중심이 아닌 분산적 권한과 책임성을 함께 나누어 가질 수 있는 다중심적 주체들의 양성이 중요하기 때문에 리더십은 팔로워십(followership)과의 관계성 하에서 규정될 수밖에 없다.

물리학적 메타포를 사용해보자. 만일 리더십의 콘텐츠가 입자적 경로를 따른다면 리더가 이 내용들을 고형화시켜 일정하게 전수하고 교육할 수 있지만 파동적 경로를 따른다면 리더십은 고정될 수 없고 비가시적으로 전파될 수밖에 없다. 즉 리더십 콘텐츠는 하나의 패키지로서 묶일 수 있는 단위 지식에 머물러서는 안 되고 리더에게 도움을 받는 팔로워 각자가 자신의 현장에서 현실 조건에 감응하면서 새로 창출해내는 리더십, 즉 지식이나 전문기술이 아닌 지혜로서의 리더십으로 연결되는 고리를 갖고 발전되어야 한다는 뜻이다.

리더십 확산의 핵심 경로는 바로 임파워먼트(empowerment)이다. 리더는 팔로워가 지고 있는 모든 문제의 해결자를 자임함으로써 팔로워를 의존적으로 만들어서는 안 된다. 팔로워로 하여금 스스로 문제를 인식하고 해결할 수 있게끔 지원하고 격려하고 돕는 자로서의 역할에 국한해야 한다. 따라서 리더—팔로워의 잠정적 한시적 관계 방식과 함께 리더—차세대 리더 또는 셀프 리더—셀프 리더의 미래 지향적 새로운 관계 모형이 중층적으로 구상될 필요가 있다.

결국 나비효과 리더십은 조직과 사회의 룰을 바꾸는 리더십으로서 리더십의 발동 메커니즘, 리더십의 효과 측정 기준[6]조차 바꾸어내는 메타적 리더십이다.

리더십에 대한 이론적 논의와 사회 현실의 만남을 위해 현실 진단을 조금 해본다면 우리 사회 각계각층에서 여성 리더들의 확연한 진입과 괄목상대한 성취들이 눈에 띈다. 그동안 여성 참여를 공식적으로 배제하거나 비공식적인 방식으로 어렵게 만들었던 그런 공간들에서 한 여성이 일보를 내딛는 일은 그 자체로 의미심장한 효과를 불러온다. 한 사람이 아니라 일정한 양을 확보할 정도가 되면 아무리 강한 가부장제적 난시청 지역일지라도 그들의 몸과 목소리가 보이고 들릴 수밖에 없다.

이러한 기초 단계가 지나가기 전에 여성 리더 집단들은 무엇을, 어디를 목적지로 하는가에 대한 대대적인 성찰과 질문이 스스로에게 필요하다.

① 강한 리더가 되고자 하여 가부장제적 리더의 덫에 빠져버렸음을 느낄 때 : 나는 보스가 되고자 했던 것인가? 보스는 직위권력을 표면에 내세우거나 은밀한 통제력을 과시하는 존재라면 진정한 리더는 인격성(지성, 감성, 의지 등)을 우선적인 자원으로 삼고, 직위나 직책에서 나오는 힘을 활용해야 하지 않는가?

② 생존 경쟁에서 살아남기 위해 혹은 성공하는 삶에 다다르기 위해 온 에너지를 집중시키고 있을 때 : 나는 승자가 되고자 하는 것인가? 리더는 성공의 결과만이 아니라 과정적 성취를 더욱 중시하는 사

6) 예를 들면 조직의 목표 달성이나 업무성과라는 가시적 측면뿐만 아니라 조직 구성원의 임파워먼트, 권력과 영향력 공유, 동료나 부하 여성의 리더십 향상에 기여한 바, 나아가 조직의 구조 및 문화 변화에 기여한 정도 등도 리더십 효과 측정의 지표가 될 수 있다(조형, 2004).

람 혹은 성공은 과정의 결과이지 목적이 아니라고 생각하는 사람이 아닌가?

③ 여성주의적으로 환골탈태한 의식과 행동, 실천으로 집단 문화를 끌어올리기 위해 노력하지만 구성원들이 변화를 환영하지 않고 구태에 머무르는 모습을 보일 때 : 나는 대중에 영합하고 그들의 박수갈채에 따라 반응하는 스타가 되고자 하는 것인가? 변화의 바람이 강할수록 저항의 맞바람도 더욱 커질 수 있지만 이것은 과정상 불가피한 일이고 이러한 갈등구조를 성장의 동력으로 삼아야 하는 것이 아닌가? 리더십과 인기도는 비례하지 않지 않는가?

④ 우리 조직은 잘 해나가고 있는데 뭐가 문제인가 싶을 때 : 리더와 매니저가 같은가? 조직은 관리 대상이 아니라 리드 대상이다. 관리자는 일을 제대로 하는 사람이며 리더는 제대로 된 일을 하는 사람이다. 주어진 일을 효율적으로 하는가와 비전과 일을 결합하는가의 차이이다. 리더십은 조직에 비전을 제시하고 그 비전을 현실로 바꾸는 능력을 제공해주는 것이다.

⑤ 나 혼자서 많은 일을 해낸 것 같은데 후속 주자가 눈에 띄지 않을 때 : 리더는 구성원들이 새롭게 행동하도록 만들고 그 가운데서 차세대 리더들을 발굴해내고 훈련시키는 사람이 아닌가? 나 홀로 리더십은 그 리더가 활동을 더 이상 못하게 되면 후속 집단으로 이어질 수가 없다.

무엇이 우리를 여성주의 리더로 만드는가? 리더는 다른 구성원들과 보스와 추종자 관계에 있을 수도 있고, 승자와 미래의 패자들과의 관계나, 스타와 팬의 관계, 매니저와 하급직원의 관계, 나 홀로 섬과 연육교 없는 육지의 관계 등등 여러 모습 안에 스스로를 위치지을 수 있다. 이러한 모습들을 성찰하고 더욱 가치로운 관계 모형을 창출해보는 실험들과 실천들이 필요하지 않은가?

6. 나가는 말

필자는 지금까지 우리 사회에서 여성주의 리더십의 효과가 더욱 강해지길 희망하면서 '나비효과 리더십'을 기쁜 마음으로 구상해보았다. 이후로도 나비효과 리더십이란 이론 자체가 나비효과를 지니기를 희망한다. 즉 나비가 되고 싶은 여성들과 이 이론이 더욱 많이 조우하기를 기대한다. 어찌 보면 역으로 현실에서 치열하게 발휘되고 있는 여성주의 선배 리더들의 실천적 힘이 이론 구성에 날갯짓을 한 것일 수도 있겠다. 결국 이론은 실천과 앞서거니 뒤서거니 하는 두 엔진이 아닐까?

리더십은 여성주의화를 위한 수단적 가치이자 여성 개인의 발전을 지향하는 목적적 가치이다. 여성주의적 대안 리더십은 단지 여성의 권한 증진이나 사회의 양성평등 실현을 위한 수단적 가치에 머무르는 것이 아닌 지혜나 행복과 같은 차원에 놓인 바로서 인간이 자기를 성취할 수 있는 본질적, 목적적 가치라는 위상을 갖는다. 결국 여성주의 리더십의 철학적 기초로서 성찰적 개인의 리더십을 도출하게 되는바 미래 지향적 관점에서 리더가 자기 고유의 개성적 리더십을 창출하면서 자신의 정체성을 확고히 할 수 있을 때 통합적인 삶으로 다가서는 것이 아닐까 생각한다. 리더십 스타일은 젠더 이념형에 따르기보다 개인적이며 여성주의자 개인의 역사적 경험과 여성주의 집단의 리더십 실천 경험이 생산적으로 결합할 때 독특하고 역동적인 사회의 장이 창출될 것이다. 나 홀로 섬이 아닌 팀과 조직, 사회적 공간들의 차원에서 영향력을 확장해가는 성취는 그 무엇과 바꿀 수 없는 가치로운 도전이다.

무엇보다 리더십은 이론이기보다 실천이다. 리더십 발휘 상황은 다양하고 다기하다. 일반화된 이론적 틀에 얽매여서는 구체적 현장의 문제점을 해결하기 어렵기 때문이다. 창의적 아이디어들이 교류되고 과감한 실천들이 결합될 때 우리는 시대에 끌려가기보다 시대를 끌고 갈 수 있지 않을까?

자신의 의식과 관심이 가는 곳, 가치 지향이 머무는 곳, 가슴이 뛰는 곳 그 현장에서 리더십은 비로소 시작된다. 스스로를 리더로 정체화하는 것이 리더십 강화의 첫걸음이듯이 스스로를 여성주의 리더로 정체화하는 일은 새로운 한 걸음을 떼는 일이다. 그것에서부터 시작할 때 앞으로 갈 길은 멀고 할 일은 무궁무진하다.

필자는 마지막으로 여성주의 리더십은 차세대 여성주의자 교육을 위한 3차원적 과정과 연결되어야 한다는 생각을 해본다. 여성주의 리더십에 대한 교육(리더십에 관한 지식을 체계적으로 전달하고 익히는 과정)과 여성주의 리더십을 위한 교육(일상적 삶을 리더십 관점에서 재구성하고 리더십을 형성하는 데 필요한 기술을 전수하고 자원을 확보해가는 과정)과 여성주의 리더십을 통한 교육(스스로 리더로서의 정체성을 구성해가고 셀프리더십을 향해 나가는 과정)에 대한 새로운 실천의 개시를 향해 아이디어를 생산해낼 때가 아닌가 한다.

| 참고 문헌 |

가이 브라우닝 (2005), 『풀뿌리 리더십』, 형선호 역, 을유문화사.

강시현 (2004), 「성별 인식과 리더십에 관한 연구」, 이화여자대학교 대학원 2003학년도 여성학과 석사학위 청구논문.

김용운 (1999), 『카오스의 날갯짓』, 김영사.

베른하르트 그림 (2002), 『권력과 책임』, 박규호 역, 청년정신.

소흥렬 외 (1995), 『논술문 강의와 연습』, 이화여자대학교출판부.

신순옥 (2005), 「여성의 제도정치 진입을 위한 선거과정 참여 연구」, 이화여자대학교 대학원 여성학과 석사학위청구논문.

에티엔느 웽거 외 (2004), 『COP 혁명』, 황숙경 역, 물푸레.

요아힘 부블라트 (2003), 『카오스와 코스모스』, 염영록 역, 생각의 나무.

워렌 베니스 외 (2005), 『리더와 리더십』, 김원석 역, 황금부엉이.

워렌 베니스 외 (2003), 『시대와 리더십』, 신현승 역, 세종연구원.

윤혜린 (2002), 「과학기술 문명과 정보적 생활 양식에 대한 철학적 반성」, 『정보매체의 지구화와 여성』, 이화여자대학교출판부.

이상화 (2005), 「리더십과 권력에 대한 여성주의적 재개념화」, 『여성학논집』 제22집 1호, 이화여자대학교 한국여성연구원.

장필화 (2004), 「여성 리더, 여성적 리더십, 여성주의적 리더십」, 『이화리더십개발원 개원 1주년 기념 학술대회 자료집』, 이화리더십개발원.

제네비브 브라운 외 (2005), 『여성 리더십』, 조병남 역, 예영커뮤니케이션.

제임스 글리크 (1993), 『카오스 현대과학의 대혁명』, 박배식 외 역, 동문사.

조형 (2004), 「비공식에서 공식으로: 여성운동과 공공 영역」, 『또 하나의 문화 20주년 기념행사 자료집』, 또 하나의 문화.

페이 맨델 (2003), 『셀프 파워먼트』, 이순주 역, 북폴리오.

프리초프 카프라 (2003), 『히든 커넥션』, 강주헌 역, 휘슬러.

최정순 (2004), 「여성 영업관리자의 리더십 유형이 리더십 효과성에 미치는 영향에 관한 연구」, 국민대학교 정치대학원 리더십 개발전공 2004학년도 석사

학위 청구논문.
최종덕 (2003), 『시앵티아 과학에 불어넣는 철학적 상상력』, 당대.
킴 반즈 (2005), 『포스트 리더십 긍정적 영향력』, 정우찬 역, 한스미디어.

R. Cooper (1996), *The Evolving Mind: Buddhism, Biology and Consciousness*, Windhorse Publication.
P. Koestenbaum (2002), *Leadership: The Inner Side of Greatness, A Philosophy for Leaders*, Jossey-Bass Publishers.

감성과 심미적 성찰성의 관점에서 본 여성주의 리더십

김영옥 *

1. 들어가는 말

리더십의 정의는 리더십을 연구하고 리더십 실현을 모색하는 사람의 수만큼 다양하다. 리더십이 발휘되는 현장을 살피는 관점에 따라서, 또는 리더십을 강조하는 목적에 따라서 리더십의 정의는 달라질 수밖에 없기 때문이다. 초기의 리더십 연구가 리더십을 '집단의 목표를 달성하기 위해 구성원들에게 영향력을 발휘하여 그들에게 동기부여가 가능하게 만드는 과정'으로 파악하면서 무엇보다도 그러한 리더십을 발휘하는 주체로서의 리더에 초점을 맞추었다면, 그동안 점진적으로 보다 더 나은 리더십을 향해 진행되어온 리더십 연구는 리더십이 발휘되는 힘의 장(Kraftfeld)을 강조하는 방향으로 관점을 이동시켜왔다. 더

* 이화여대 한국여성연구원 연구교수.

이상 한 개인의 타고난 특별한 능력이나 행동양식에 집중하는 것이 아니라 역학 작용이 일어나는 장, 다시 말해서 그러한 장을 형성해나가는 힘들로서 각 구성원들과 리더가 맺는 관계와 맥락, 그리고 그 효과의 파장에 집중하게 된 것이다. '집단과 각 구성원들의 목표 달성을 촉진시키기 위하여 각 구성원들이 다른 구성원들에게 영향을 미치고 또한 그들을 동기화시키는 교호적(reciprocal), 거래적(transactional), 그리고 변혁적(transformational) 과정'(Forsyth, 1996)이라는 보다 통합적인 리더십의 정의는 이러한 변화의 과정을 보여준다.

이것은 그만큼 리더십이 발휘되는 현장 자체가 변화되었으며, 현장을 함께 움직이는 구성원들의 역할이나 상호작용에 대한 기대 또한 다양해진 상황을 반영한다. 카리스마와 결단력을 소유한 '장군'의 선두지휘 능력을 강조하는 군대나 정해진 규칙에 따라 일사불란하게 움직이는 축구팀의 조직력을 모델로 삼곤 하던 리더십은 후기근대, 혹은 지구지역화로 일컬어지는 현재적 시대 상황에서 근본적인 한계에 도달했고(피터 드러커, 2002 ; Sally Helgesen, 1990), 이에 대한 고민에서 수평적 리더십, 파트너 리더십, 변혁적 리더십, 서번트 리더십, 거미줄 리더십, 감성적 리더십, 여성적 리더십, 지휘자 없는 오케스트라로 대변되는 리더 없는 리더십 등의 새로운 리더십 모델들이 고안되었다. 테크놀로지의 급격한 진보, 더 이상 국민국가 단위로 움직이는 않는 신자유주의 경제체제, 지식기반 사회로의 변화, 그에 따른 위험사회 양상 등을 배경으로 하는 이러한 리더십 모델들은 그러나 젠더적 관점을 충분히 고려하지 않고 있으며 그것들이 지향하는 목표나 비전이 '더불어 행복하게 사는 삶의 질'이라는 대안적 사회의 공동목표로 수렴되기에는 여전히 많은 고민을 숙제로 남기고 있다. 여성주의 이념과 실천을 중심에 두는 여성주의 리더십은 이러한 고민의 맥락 속에서 출발한다.

여성주의는 성차별주의와 그러한 성차별주의에 근거한 억압과 불평등을 종식시키려는 운동이다. 성별의 다름이 차별적 인식이나 행동 양식이 아닌 차이에 대한 감수성과 존중의 단초로 이해될 것을 강조하는 여성주의는 성별 차이뿐 아니라 여타 모든 차이에 대한 문화적 감수성을 지향한다. 소수자의 위치에 머물러야 했던 여성들의 역사적 경험에서 대안적 사회의 모습을 그리고 그에 따른 정치적 이념과 실천을 모색해온 여성주의는 따라서 근본적으로 성차별주의가 없는 사회를 만들기 위해서는 부분 영역에서의 개혁뿐 아니라 사회 전반의 총체적인 재편이 필요하다고 믿는다(벨 훅스, 2002 ; 조한혜정, 2006). 여성주의 인식 틀에서 출발하는 여성주의 리더십은 바로 이러한 관점에서 여성의 리더십이나 여성적 리더십을 포함하는 동시에 그것을 넘어선다(조형, 2005). 여성주의 리더십 역시 여성들의 역량강화를 그 첫 번째 목표로 삼으며 돌봄 능력을 최대한 발휘하는 관계적이고 소통적인 여성적 가치를 리더십의 중요한 핵심요소로 간주한다. 그러나 여성주의 리더십의 최종비전과 목표는 성차별을 비롯한 여타 차별들이 지양되어 모든 사람들이 더불어 행복하게 사는 대안적 사회의 실현이다. 단순히 보다 많은 여성이 리더 위치에서 역량을 발휘하게 된다거나 여성적 가치가 기존 조직문화에 꼭 필요한 요소로서 편입되는 것만으로는 그동안 여성주의 운동이 추구했던 사회문화 전반의 개편은 성취되지 않을 것이다. 따라서 여성주의 리더십은 조직 문화를 바꾸고 삶의 질에 대한 대안적 상상력을 키우며, 신자유주의 경제논리에 대항하는 주체들의 작은 힘들을 연대시키고자 노력한다. 이 글에서 나는 이러한 여성주의 리더십의 전반적인 전망 아래 심미적이며 감성적인 능력과 공동체적 관계 맺기를 중요시하는 여성주의 리더십의 형태를 모색하고자 한다.

2. 여성주의 리더십의 소수 집단적 위치성과 정치적 행위성

지도자 원형 또는 내현적 리더십 이론(implicit leadership theories)에 따르면 사람들은 자신들이 이미 갖고 있는 리더의 이미지에 따라 조직 내에서의 리더를 평가하는 경향이 있다(Forsyth, 1996 : 262). 흔히 여성에게 주어지는 평가들, 예컨대 남성에 비해 책임감과 업무몰입도가 떨어진다거나, 지나치게 감정적이고 비이성적이라거나 또는 조직문화를 제대로 모른다거나(이것은 많은 경우, 남자들 사이에 통용되는 게임의 법칙을 모른다는 것을 의미한다) 하는 평가들은 그처럼 사람들 머릿속에 이미 새겨져 있는 지도자 원형에 따른 것일 확률이 높다. 여기서 우리는 성별화된 조직문화와 리더십의 관계를 고려하며 '남성처럼'의 전략은 어디까지 유효한가?라고 질문하게 된다. 모든 리더십 논의나 이론은 조직의 목표나 가치관의 내면화(비전의 공유), 자신의 업무 역할에 대한 개인의 심리적 몰입과 관여(헌신성), 조직에 대한 충성심(조직 구성원으로 남겠다는 욕구)을 강조한다. 그러나 이러한 요소들은 성별화된 조직문화 속에서 여성과 남성에게 각각 다른 영향을 끼친다. 성 주류화 정책이 여전히 시기상조라는 평가를 받는 한국사회에서 여성들은 성인지적 관점에 따라 새롭게 짜인 판이 아닌 기존의 판에서 조직의 목표나 가치관을 어떻게 내면화할 수 있을 것인가? 기꺼이 헌신하고 싶어도 가로막는 유리천장과 유리벽이 있다면? 남성을 기준으로 한 여성의 상대적 인권에 초점을 맞추는 원자적 개인주의가 아니라 인간은 인간이기 때문에 그 누구도 차별받지 않고 인간의 존엄성을 존중받아야 할 권리를 타고났다는 절대적 인권에 대한 보편적 믿음(장필화, 2004)은 여성주의 리더십 개념을 개발할 때 무엇보다 먼저 전제되어야 할 인식이다. '지금 여기'라는 삶의 장을 변화시키고자 하는 여성들의 열망은 그러한 보편적 믿음에 그 원천을 두고 있을 것이다. 그렇다면 그러한 열망을 실현시킬 수 있는 가능성의 구체적 모습은 어떠한가? 이 동사적 리더십은 어떻게 작동하는가?

새로운 인식론적 지평을 열고자 하는 사람은 인식을 구성하는 기존 틀을 단순히 제어 대상으로 생각하기보다는 그것과 경쟁할 수 있는 대안적 틀이나 개념을 채택함으로써 상대화하고 분석할 수 있는 비교지점으로 삼아야 한다. 여성주의 리더십은 가부장제 역사 속에서 '소수자', '약자' 위치에서 다중적 역할을 수행하고 배려 능력을 전수하며 이야기가 있는 소통적 합리성을 실천해온 여성들의 경험을 새로운 시대가 요구하는 리더 역할과 능력의 중요한 자원으로 검토한다. 여성주의 리더십은 조직의 목표나 성과를 보다 더 큰 단위로서 공동체적 삶의 장이 변화하는 변혁적 과정과 일치시킴으로써 일이 갖는 윤리적 의미를 확장시킨다. 여성주의 리더십을 발휘하는 구성원들은 벼룩과 코끼리의 세계로 분할된 조직체에서 벼룩이 보여주는 열정과 영감, 창의력을 공유한다.[1)] 이들의 열정과 아이디어는 미세한 바이러스가 되어 해

1) 기업조직체는 벼룩과 코끼리의 세계로 분할된다. 코끼리는 기업이나 정부 같은 대형 조직이고, 벼룩은 소형 자문업체, 전문회사, 자영업 전문가, 소기업처럼 소형 조직이다. 가족이 운영하는 상점이나 미장원, 부동산, 수많은 소규모 비영리 조직, 지역 학교 및 교회도 벼룩에 포함된다. 학계나 언론의 관심을 받게 되는 것은 코끼리지만, 대다수 사람들은 벼룩 회사에

당 조직을 전염시킨다. 이들의 열정은 "가능한 빨리 세상에 색다른 점을 제공하려는" 것이기 때문이다(마셜 골드스미스 외, 2005 : 611). 이것이 그들의 조직에 힘과 정열, 발견의 항해를 같이 공유하고 있다는 일체감을 준다. 따라서 벼룩은 사회에서 리더십을 발휘하기 위해 새로운 도전을 제공하는 진원지다. 그러나 벼룩이 추구하는 발견의 항해는 항해 자체의 즐거움과 항해의 목표지점을 무엇으로 설정하느냐에 따라 그 효과가 달라진다. 여성주의 리더십을 발휘하는 구성원들은 코끼리의 세계로 통합되는 것보다는 코끼리 세계의 생산성 위주로 작동하는 둔중한 비감성(非感性)의 조직문화에 날카로운 성찰의 위트를 날릴 수 있어야 한다. 때문에 코끼리의 세계 내에서 움직이는 벼룩이라도 소수집단적 위치성을 확보할 수 있어야 한다.[2] 소수집단적 위치성은 주류

서 근무한다. 상상력이 높은 새로운 아이디어는 새로운 벼룩으로부터 온다. 개혁적 벼룩 조직은 능력은 다양하지만 동일한 생각과 열정을 가진 인력을 충원하면서 서로 닮은 구성원들로 이루어진 '혼질서적chaordic' 공동체 모습을 띤다. 이들은 소규모의 동질적인 인물들이기에 감정이입으로 의사소통을 한다(마셜 골드스미스 외, 2005).

2) 비주류, 또는 소수집단의 리더십은 주류 리더십으로부터의 거리두기에서 추론된 개념으로서 카프카(Franz Kafka)에서 시작되어 들뢰즈(Gilles Deleuze)와 가타리(Félix Guattari)에게서 철학적으로 새롭게 정의된 소수집단 문학 개념을 전유해서 만든 개념이다. 소수집단 문학은 주류 언어의 관습과 문법을 차용해 그것을 안에서부터 전복하는 문학 실천을 의미한다. 체코의 프라하에서 유대인으로서 도이치어로 글을 쓴 카프카는 자신의 문학을 비롯해 유랑하는 유대인들의 언어실천을 '작은 문학kleine Literatur'이라고 명명함으로써 소위 거대한 문학, 즉 주류언어의 관습과 대비시켰다. 이를 '소수집단 문학minor literature'이라는 개념으로 새롭게 사유하는 들뢰즈와 가타리는 다음과 같은 세 가지 주요 특성을 강조한다.

1. 소수집단 문학은 주류 언어에 존재하는 소수집단이 구성하며, 그럼으로써 주류 언어의 탈영토화를 발생시킨다. 카프카 문학을 구성했던 프라하의 도이치어와 미국의 흑인 영어가 그 예가 될 것이다.

2. 소수집단 문학은 강한 정치적 성격을 띤다. 소수집단 문학의 제한된 공간은 모든 개별적 관심을 즉시 정치적인 것에 연결시킨다. 그래서 다른 이야기들이 그 안에서 모두 함께 진동하기 때문에 개별적 관심은 그만큼 더 필요해지고 필수불가결해지며 증폭된다. 이처럼 소수집단 문학에서 사적인 것과 정치적인 것의 구분은 사라진다.

3. 소수집단 문학은 집단적인 집합체다. 그 안에 있는 모든 것이 집단적 가치를 지니게 된다 (Deleuze & Guattari, 1976).

의 거대해진 조직이 삼켜버리기 쉬운 성찰적 비판의 목소리들을 청취 가능한 의견들로 활성화시키며 주류조직의 변화를 꾀한다. 여기서 우리는 소수집단의 행위성이 가지는 집단적, 공동체적 가치 그리고 정체적 성격을 다시 강조할 수 있을 것이다. 소수집단의 행위성은 모든 개별적 관심을 정치적인 것에 연결시킨다고 할 때 여성들의, 여성주의적 세계관과 가치관을 지향하는 리더십의 작용하는 방식은 소수집단의 행위성과 불가분의 관계에 있다. 최근 (셀프)리더십에 관한 무수한 논의들과 그 논의들의 상당부분을 침식하고 있는 상품화 전략이 신자유주의 기제가 요구한 주체성과 연관된다고 할 때 소수집단적 입장을 견지하는 여성주의 리더십은 그러한 신자유주의 기계 내부로 깊숙이 들어가 '안으로부터의 비평'을 수행할 수 있을 것이다. 다음 장에서는 후기근대 위험사회에서의 신자유주의 논의와 자기계발 담론, 그리고 심미적 성찰성에 대해 살펴보기로 한다.

3. 후기근대의 위험사회와 자기계발 담론

여성주의 관점에서 리더십을 논의하는 데 있어 간과할 수 없는 난제 중의 하나는 리더십 용어의 출생과 그간의 성장이 놓여 있던 성공(신화)의 서사적 전통과 최근 활발한 리더십 논의의 배경이 되고 있는 신자유주의 체제 하에서의 자기계발과 경영 문화일 것이다. 지난 20여 년 간 셀프리더십을 포함하여 자기계발 담론은 한국사회에서 다양한 형태와 집중적인 강도로 생산, 유통되었다. 셀프리더십, 역량강화, 네트워크, 권한위임, 자기경영, 미래경영 등 넓은 의미에서의 자기계발 담론을 채우고 이끈 언설들은 무엇을 어떻게 먹을까, 물건들은 어떤 방식으로 정리하고 보관할까, 상대방을 설득할 때는 어떤 어법을 사용할까, 시간관리는 어떻게 해야 할까 등에 대한 고민에서 시작해 성공한 자기 모습을 지속적으로 상상하라고 가르치는 1인 기업가적 인생설계의 열망을 거쳐 21세기 포스트 포드주의 지구/지역(glo/cal) 시대에 적합한 경영전략에 이르기까지 대단히 촘촘하고 세밀한 스펙트럼을 형성하고 있다. 다양한 테크놀로지를 동원해 개인적 삶의 정치적, 경제적, 일상적 층위를 면밀하고도 꼼꼼하게 관리하는 경영적 태도는 셀 수 없이 무수한 '~하는 법(how to)' 지침들 속에서 끊임없이 새로운 과제를 발견한다. 한국사회에서 자기계발이 의식과 일상의 차원 모두에서 사람들 삶에 중요한 시대적 코드로 떠오른 것은 특히 IMF 이후 불확실성과 불안, 그리고 위협이 보다 가시적으로 삶의 환경이 되었던 시기이다. 이것은 자기계발 담론이 위험사회로 명명되는 후기근대의 신자유주의 정치질서와 지식기반경제로 재편되는 자본주의 체계에서 위험에 대처하는 주체들의 방어 전략과 연관되어 있음을 보여준다.

벡(Ulrich Beck)과 기든스(Anthony Giddens)를 비롯한 몇몇 사회학자들은 조직된 산업사회로 규정될 수 있는 근대와 더 이상 조직된 산업사회의 면모를 보여주지 않는 후기근대를 구분하는 방식으로 '위험사회'라는 개념을 도입한 바 있다. 그들은 근대의 국민사회에서 정치적 갈등이나 균열을 불러일으키는 것이 재화의 분배였다면 후기근대의 초국가적 사회에서 그것은 위험의 분배라고 말한다. 전 산업사회, 근대 산업사회, 후기근대 위험사회라는 3단계 시대구분을 따르고 있는 벡에 의하면 물론 모든 사회는 나름대로의 위험을 내포하고 있다. 그러나 각각의 위험은 서로 구별되는 질적인 차이를 보여준다. 전 산업사회에서의 위험이 자연적인 것이거나 신 또는 운명처럼 공동체 외부에 놓여 있는 것이었다면 산업사회와 위험사회에서의 위험은 기술 경제적 진보의 직접적인 결과로서 나타난다. 그러나 근대 산업사회의 위험이 어느 정도 사회적 책임과 보상, 예방 또는 한계 설정 등의 보험원리를 통해 방어될 수 있었다면 후기근대 위험사회는 그러한 근대 초기의 안전협정이 모두 무너져버린 상황에 처해 있다. 체르노빌 사태가 보여주었듯이 부유층 역시 생태위기를 면할 수 없기 때문에 위험사회는 계급사회가 아니라고 할 수 있다. 그러나 실제로는 가난한 계층이야말로 위험사회에서 가장 심하게 타격을 받는 사람들이다. 이러한 상황은 21세기 경제가 지식기반경제로 재편되면서 더욱 심각한 양상을 낳고 있다. 그동안의 지구화 논의에서도 다각도로 분석되었듯이 최근의 지구화 흐름은 복지를 비롯한 사회 정책적 차원의 축소를 대가로 한 경제 위주의 신자유주의 논리를 확장시키고 있으며, 경제 또한 산업 전반에 걸쳐 지식을 생산 · 분배 · 이용함으로써 경제 발전과 부의 창출, 그리고 고용 확대를 꾀하는 지식기반경제의 형태를 띠고 있다. 이러한 상황에서 궁극적으로 지식의 분배, 재화의 분배, 그리고 위험의 분배는 사회정치적으로 해결되어야 할 문제로서보다는 개인이 책임지고 해결해야 할 문제로 전환되고 그만큼 개별주체들의 자기계발 과제는 무거워지게 된다.

신자유주의 정치질서와 지식기반경제 사회 체계 속에서 새롭게 형성되는 주체는 정치, 경제 그리고 생활 세 층위의 교직 속에서 볼 때 국가에 의한 지배 대상이면서 동시에 자신의 행복과 안녕을 돌보는 정치적 주체로서의 시민이라는 주체성, 일터에서 자본이나 그것의 경영권력에 의한 관리 대상이면서 동시에 자신의 개발, 향상, 부를 도모하는 경제적 주체로서의 노동자라는 주체성 그리고 마지막으로 일상적인 삶에서 자기계발과 실현에 몰두하는 개성적인 주체로서의 주체성이라는 세 국면을 나타낸다(서동진, 2005). 여기서 공적인 경제적 주체로서의 삶과 사적인 자아로서의 삶은 '자기경영'이라는 담론을 통해 서로 만난다. 이제 경제적 삶은 자아의 자율성을 위협하는 외부의 힘이 아니라 자아실현의 능동적인 지평으로 바뀌고, 그리하여 새로운 시민성을 재현하는 주체는 노동과 일상의 장 모두에서 기업가적 주체성을 실현할 자유와 의무를 진다(피터 드러커, 2002).

끊임없이 자신의 행위를 평가, 진단, 교정 등의 테크놀로지를 통해 관리하고 궁극적으로 특정한 목표에 연결시키는 이러한 자기경영 속에서 구성되는 주체는 일종의 '강요된 자유인'(서동진, 2005)인 셈이다. 그렇다면 이 강요된 자유인이 자기정체성을 일종의 기획으로 구성하는 성찰적인 자아가 될 수 있는 가능성은 어떻게 모색될 수 있을 것인가. 그리고 대안적인 여성주의 리더십 모색과 관련해볼 때 이러한 성찰성은 어떤 성격을 띠며, 또한 어떤 방식으로 점점 더 위험사회 양상을 띠어가는 현실에 개입할 수 있을 것인가. 지식을 쌓고 철저한 자기관리와 자기경영을 통해 위험사회에서의 안전망을 가능한 최대로 확보하고자 할 때 그 위험에 대한 반응은 얼마큼 타자 지향적이 될 수 있을 것인가. 다음 장에서는 그동안 후기근대의 위험사회가 가져온 고도의 개인화와 연관되어 언급되어온 인지적 · 도덕적 성찰성, 그리고 심미적 성찰성을 토대로 이에 대한 논의를 전개시킬 것이다.

4. 심미적 성찰성에 입각한 여성주의 리더십

근대가 진행되어오는 동안 사적영역과 공적영역을 가르는 이분법적 사고방식과 제도적 규범체계 속에서 오랫동안 이등 시민 위치에 있었던 여성들이 수적으로나 질적으로나 놀랄 만큼 큰 비중을 차지하면서 이른바 공적영역의 현재적 성취와 미래적 전망에 중요한 변수로 작용하게 된 현 시점에서 여성들은 성별화된 사회구조에 대한 근본적인 변혁의지 없이 손쉽게 할당된 자리에 만족하는 위험에 빠질 수 있다. 특히 신자유주의 경제 원리가 정부와 기업 모두의 구조를 지배하는 현 시점에서 '남자 못지않게', '남자처럼' 일을 잘해 능력을 인정받는 새 세대 여성들이 조직 변화를 이끌어낼 의지나 전문성, 그리고 헌신성과 무관하게 '솔로 플레이어'로 활동하는 추세가 강해지면서 여성과 여성주의, 그리고 리더십을 연관해 생각하는 문제는 사회변혁의 주요 이슈가 되지 않을 수 없다.[3)]

3) 1990년대 후반 이후 한국에서 추진되어온 여성정책과 관련해 이 문제를 살펴보면 다음과 같다. 1990년대 후반 이후 한국의 여성정책은 '발전 속의 여성(Women in Development)'에서 '젠더와 발전(Gender and Development)'으로 그 관점을 바꾸었다. 국가발전에 여성을 온전한 국민으로 포함시키기 위해 여성을 '소수자'이자 '약자'로 간주하고 특별히 지원한다는 관점은 이제 남성과 여성 모두의 변화를 통해 '발전' 개념 자체의 변화를 이루어낸다는 관점으로 전환한 것이다. 동일성이 아닌 차이와 다양성의 원리에 입각해 남성과 여성, 그리고 가정과 공공영역 모두를 포괄하는 차원에서 변화를 이루어내려는 이러한 패러다임 전환은 발전과 삶의 질을 바라보는 관점의 전환을 의미한다. 그러나 성별화되어 있는 가정/공공영역을 성인지적 정책을 통해 바꾸어내려는 '성 주류화' 움직임은 사실상 여성의 공적영역 진입을 지향하는 수준을 넘지 못했고, 성 주류화 전략의 실천적 공감대도 마련되지 않고 지배적 조직 문화도 바뀌지 않은 것이 현실적 상황이다. 여성정책 관련자들은 여성정책 패러다임의 선진적인 속도를 염려하지만 그러나 여성정책이 강조해온 '성 주류화' 노력, 곧 다양한 국민들을 만들어내고 연대시키려는 정책은 한편으로는 미처 발전론을 벗어나지 못한 행정체계와 부딪치고, 다른 한편으로는 신자유주의적 '생산성'에 대한 현 정부의 일방적 지향성 속에서 뒷전으로 밀리고 만 것이다(조한혜정, 2006).

여성주의는 개인의 주체화와 사회관계를 지속적으로 자유의 정치학, 대안적 세계인식과의 관련 속에서 함께 질문해왔다. 그리고 그러한 질문 과정에서 대상화된 타자가 아닌, 자아를 구성하는 타자들의 관점과 그것에서 유추되는 관계적 자아에 주목해왔다(Gilligan, 1982 ; Maihofer, 1995). 여성들의 사회화 과정을 특징짓는 이러한 타자적 관점과 가정을 비롯한 미지불 영역에서 약자에 대한 돌봄을 실천해온 여성들의 몸적 경험, 그리고 이른바 공공영역에서 전문가적 리더 역할을 수행할 때에도 조직 내에서 자신의 위치로서만 자신을 동일시하는 남성 리더와는 달리 어머니로서, 동료로서, 몸담고 있는 조직을 대표하는 이미지로서 다중적 역할을 수행해온 여성의 경험은(Helgesen, 1990) 위험사회에 대처하는 다른 전망을 제시한다. 위험사회에 대처하는 방식이 계속해서 개인적 차원에서 단순히 조직 내에서 일을 잘함으로써 시도되는 '나'의 보다 더 안전한 삶에 머문다면 결국 지속적으로 붕괴되는 안전망의 회복은 점점 더 어려워지고 사회는 계속 개별욕망들로 파편화될 것이다. 이에 반해 사회전반의 구조를 재편하고자 노력해온 여성주의 전망과 노력의 자장 안에서 움직이는 여성주의 리더십은 위험에 처한 타자들의 고통에 민감하게 반응한다.

위험에 처한 '너'의 두려움을 체화된 느낌으로, 즉 감성적으로 이해함으로써 타자지향적인 책임 있는 행위로 나아가는 것이야말로 여성주의가 추구하는 대안적 공동체의 출발점이자 목표가 되어야 할 것이다.[4)] 타자의 존재에 대한 염려와 근심에서부터 책임의 감수성과 책임

4) 생태윤리학 관점에서 공포의 발견술을 강조하는 한스 요나스(Hans Jonas)의 깨달음 역시 이러한 맥락 속에 위치해 있다. 공포의 몸적 경험과 행위, 그리고 책임의 관계를 그는 이렇게 설명한다. "책임은 의무로 인정된, 다른 존재에 대한 염려이며, 이 염려는 그 존재의 민

있는 행동을 길어내는 방식의 방어 구조는 위험을 과학적 법칙으로 환원시키는 인지적 성찰성과는 달리 두려움과 불안을 감각적으로 느끼고 경험하는 심미적인 성찰성에 기반을 둔다. 그리고 여성들의 경험세계가 보여주는 인지와 소통의 방식은 이러한 심미적인 성찰성에 매우 근접해 있다.[5] 이 때 중요한 것은 성별을 비롯하여 구체적인 삶의 현장에서 주체들의 차이를 새기는 문화적 위치들일 것이다. 이제 감성의 능력과 심미적 성찰성, 그리고 여성주의 리더십의 관련망을 좀더 자세히 살펴보기로 하자.

1) 감성의 능력, 심미적 성찰성 그리고 여성주의 리더십

다니엘 골먼(Daniel Goleman)은 IQ가 높은데도 불구하고 책임

감성이 위협받을 경우 '근심'이 되어버린다. 우리가 적극적으로 책임 있는 행위를 시작하면서 상상할 수 있는 원초적 질문 속에 이 공포는 이미 하나의 잠재력으로 내포되어 있다. 즉 내가 그것을 내 일이라 생각하지 않는다면 그에게 무슨 일이 일어날까? 대답이 어두우면 어두울수록, 책임은 더욱더 밝게 그려진다. 그리고 두려워해야 할 것이 먼 미래에 일어나면 일어날수록, 자신의 평안과 고통과는 상관이 없으면 없을수록, 그 방식에 낯설수록, 우리는 고의적으로라도 더 많은 천리안적 상상력과 예민한 감수성을 그것을 위해 동원해야 한다. 즉 공포를 탐지하는 발견술이 요청되는 것이다. 공포를 탐지하는 발견술은 새로운 대상물을 찾아내어 공포에게 서술할 뿐 아니라, 그것에 의해 일깨워진 (이전에는 전혀 없었던), 특별한 도덕적 관심을 알게 해준다"(요나스, 1994:372~373).

5) 도덕에 대한 전통적 개념들을 비판적으로 검토한 여성주의 연구는 도덕 개념의 전통이 성별화되어 있음을 다각도로 밝혀왔다. 이에 따르면 '남성'의 도덕이 추상적이고 보편적인 정의에서 출발하는 한편 '여성'의 도덕은 구체적이고 상황적인 배려와 공감에서 출발한다. 남성적 관점을 수반하는, 즉 정의에 입각한 도덕 이해에서 도덕적 딜레마는 주로 경쟁하는 '요구들과 권리들' 사이의 충돌이다. 그러나 여성적 관점을 수반하는, 즉 보살핌과 공감에 기반을 둔 도덕 이해에서 도덕적 딜레마는 무엇보다도 사회적 관계의 복잡한 그물망 내에서 경쟁하는 '책임들' 사이의 충돌이다. 여기서 주의를 요하는 것은 요구와 책임의 위치이다. 남성적 관점의 도덕이해가 원초적으로 독립적(independent)이라고 상정되는 개인들이 각자 주장하는 요구들 사이에서의 충돌 해결에 몰두한다면, 여성적 관점의 도덕이해는 원초적으로 상호의존적(interdependent)이며 관계 안의 자아(self-in-relation)라고 상정되는 개인들 사이에서 발생하는 요구와 책임 사이의 조정에 몰두하기 때문이다. 요구와 책임이 맺는 이러한 관계는 기본적으로 타자의 요구에 자아가 책임 있게 반응한다는 구조를 띠고 있다.

감이 부족한 지도자들을 대상으로 그 이유를 밝히는 과정에서 회사의 중역 지도자급 인사들에게 중요한 것은 지성보다는 감성임을 발견했다. 즉 책임감이 막중한 위치일수록 지성지수보다는 감성지수가 더욱 중요하게 나타난 것이다. 감성지수란 리더가 자신의 감성을 이해하고 통제하는 능력과 타자와 공감하는 능력을 말하며 4가지 요소가 이에 해당한다. (1) 자아 인식, (2) 자아 통제, (3) 감정이입, (4) 사교적 기술이 바로 이것이다(Goleman, 1995). 이 언급한 4가지 감성지능을 전지구적 수준에서의 다문화 맥락에 적용시킬 경우 그것은 문화적 자아인식, 문화 간 적응력, 다국적 문화 이해, 그리고 다국적 문화의 판단능력으로 이야기될 수 있다. 상이한 문화적 배경과 전통을 지닌 사람들 그리고 그들의 경험이 뿌리내리고 있는 지역들은 이제 지구지역화 시대에 삶과 일의 다문화 맥락을 형성하고 있다. 이러한 맥락에서 기본적으로 요청되는 것은 낯선 것들과 소통하기 위한 감성능력이다. 이렇듯 감성은 이제 더 이상 우리에게 낯선 용어가 아니며, 고도의 감성 지능이야말로 도구적 합리성이나 목적 중심 합리성 위에 세워진 '차가운 근대' (Hochschild, 1995 ; 조한혜정, 1996)를 넘어설 수 있는 핵심 키워드로 작용한다. 감성적 리더십은 특히 감정이입 능력을 강조함으로써 거리두기를 이성적 성찰과 결정의 중심에 두었던 근대적 사유방식을 벗어나 이성과 감정의 상호 규정적 교호관계를 다시 회복하고자 하는 후기근대적 사유방식을 공유한다. 이러한 감성의 능력은 후기근대적 맥락에서 논의되고 있는 성찰성, 특히 심미적 성찰성 관점에서 설명될 수 있다.

앞에서(3장) 나는 후기근대를 위험사회의 관점에서 간단하게 설명했는데, 후기근대 위험사회의 또 다른 특징은 극단적 형태를 띠고 나타나는 개인화 현상과 그에 따른 결과로서의 성찰성이다. 후기근대 혹은 지구화 시대에 주체와 객체의 순환은 점점 더 가속화되고 있으며 정보통신기술의 새로운 구조가 가져온 시간과 공간의 압축화는 행위주체와 사회문화적 구조 간의 상응관계에 큰 변화를 가져왔다. 이제 후기근대의 개인은 노동과 여가의 관계, 공동체와 개체의 관계, 공적영역과 사적영역의 관계 등 자신의 사회적 실존조건을 스스로 성찰하고 결정해야 한다. 후기근대를 특징짓는 이러한 성찰성을 설명하는 데 있어 벡과 기든스는 인지적, 도덕적 성찰성을 강조한다. 벡의 경우 성찰성의 주체는 도덕적-인지적 에고이며 기든스의 경우 성찰성의 주체는 전략적-인지적 에고이다. 벡이 강조하는 도덕적-인지적 에고는 과학을 비롯한 사회과정을 비판적으로 성찰하는 반면(Beck, 1986) 기든스가 강조하는 전략적-인지적 에고는 전기적 서사를 조직함으로써 자아가 존재론적 안전을 확보할 수 있도록 자아를 감시한다. 그에게 있어 안전은 예측 가능한 반복적 관행의 훈련에 기반하고 있기 때문이다(Giddens, 1991). 후기근대의 성찰성을 논의하는 데 있어 래쉬(Scott Lash)와 어리(John Urry)는 그러나 도덕적 혹은 인지적 성찰성과 차이를 두는 심미적 성찰성을 강조한다. 래쉬와 어리는 물질에 기초한 상품생산에서 상징과 기호 등 문화에 기초한 상품생산으로 그 무게가 옮겨진 후기근대 사회에서 생산 및 소비 양식을 포함하는 전사회 과정에서 개인의 사고방식과 행위양식을 지배하는 것은 심미적 모더니즘의 전통을 잇는 문화적 자기해석 능력으로서의 심미적 성찰성이라고 주장한다(S. Lash & J. Urry : 1994). 팝뮤직이나 영화, 잡지. 비디오, 여가, 인터넷 사이트 등 심미적, 기호적 요소가 강한 객체들의 생산, 그리고 점점 더 중요해지는 디자인 등의 생산소비 환경과 개인들의 삶이 기초하는 구조적 기반으로서의 네트워크 흐름은 개인의 심미적 성찰성으로 이어진다는 것이다. 자아나 사회구조적 규칙, 또는 자원에 대한 감시와 판단을 수행하는 인지적 성찰성과는 달리 표현적 요소를 중요시 여기는 심미적 성찰성은 자아나 삶의 환경을 이루는 사회적 관행에 대한 해석을 그 특징으로 한다.

심미적 성찰성이 인지적, 도덕적 성찰성과 다른 점은 무엇보다도 그것이 몸적 자아를 상정한다는 데 있다. 여기서 자아는 육체와 분리되어 이해되지 않으며 감각적 인지, 즉 지각에 기반을 두고 있는 성찰성은 인지적 성찰성에 비해 훨씬 덜 매개되어 있다. 그리고 그만큼 더 구체적이며 그만큼 더 특정 장소에 뿌리내리고 있고, 그만큼 더 개체의 특수성에 연결되어 있다. 보들레르, 짐멜, 벤야민으로 이어지는 심미적 근대(die ästhetische Moderne)의 전통에 서 있는 이러한 심미적 성찰성은 '해명'이나 '설명'이 아닌 '이해'와 '해석'의 방식으로 생활세계의 장에 자신을 연결시키고 새로운 운동 공동체를 구성한다. 최근에 일고 있는 녹색운동, 환경운동, 공동체 운동, 지역운동 등은 덜 매개되고 덜 추상화된, 즉 좀더 직접적이고 체화된 경험이 가능한 삶을 지향하고 있으며, 이것은 인지적 성찰성보다는 심미적 성찰성에 토대를 두고 있다(S. Lash & J. Urry, 1994 : 44~51).

이제 심미적 성찰성에서 중요한 능력으로 작용하고 있는 감성과 여성주의 리더십이 추구하는 공동체적 삶의 지향에 대해 살펴보자.[6]

6) 이 글에서 심미적 성찰성과 감성(감정)은 동일한 범주에 속하는 것으로 이해되고 있다. 상상력과 판타지에 기초하는 예술의 심미적 차원은 감성과 이성을 매개함으로써 현실과는 다른 질서의 세계상을 제시한다는 칸트나 마르쿠제의 미학논의에서 감성과 심미적 성찰성은 구분되는 것으로 나타난다. 그러나 미학을 아름다움이나 추함에 대한 논의가 아니라 감각적 인지(die Wahrnehmung)에 대한 논의로 이해하고 있는 벤야민식 미학 이해나, 이미 감성

앞에서도 강조했듯이 신자유주의 체제 하에서 살아남기 위해 끊임없이 자기를 계발하는 주체의 행위성이 자유의 열망과 만나고 신자유주의 논리에 저항할 수 있기 위해서는 자기계발의 궁극적 목표가 위험사회의 불안에서 '내'가 해방되는 것이 아니라 '우리'가 해방되는 것이어야 한다. 그리고 이 '우리'는 무수한 '나'의 단순한 집합체가 아니라 '너'의 존재에 빚지고 있는, '너'의 불안과 고통에 책임을 느끼는 '나'의 윤리적 감수성이 번지고 확산되는 과정을 의미한다. 너의 불안과 고통을 계량 가능한 이성적 합리성을 통해서가 아니라 정동적(affective) 교감을 통해서 느끼는 것, 이것은 감성의 능력을 적극적으로 활용하는 심미적 성찰성을 요구한다. 상호소통과 관계성 심화의 관점에서 특히 강조되는 감성의 능력은 감정이입(empathy)과 공감(sympathy), 그리고 연민(compassion)의 능력인데 이러한 능력들은 타자를 이해하고 타자와 소통함으로써 공동체적 상생을 추구할 수 있는 기본 매트릭스를 형성한다.[7]

너스바움(Martha Nussbaum)은 비소통적 이성의 결과인 윤리적 감수성의 결핍을 극복할 수 있는 중요한 힘을 감성에서 발견하면서

이 충분한 인지능력을 내포하고 있음을 강조할 뿐 아니라 타자와의 보다 더 직접적인 소통 가능성이라는 관점 하에 감성에 깃들여 있는 윤리적 지평을 고찰하는 너스바움 등 몇몇 여성주의 철학가들의 감성 이해는 심미적 성찰성과 감성을 분리되지 않은 범주로 이해하도록 돕는다. 여기서 중요한 것은 한편으로는 모든 특수자가 보편 범주에 포섭되는 것이 아니라 개별적인 특수자가 보편에 준거하여 다른 특수자에 포함되는 판단 방식과 이로써 지나친 매개성과 추상성을 벗어나 직접성과 구체성을 확보할 수 있는 가능성, 그리고 다른 한편으로는 몸적 정체성(corporeal identity)의 관점에서 이해된 주체의 개념과 체현된 지식(embodied knowledge)을 강조하는 해석학의 태도이다.

7) 감정이입이 상상력의 도움을 받아 타자의 내적 관점에 나 자신을 위치시키고 그의 내면적 감정의 흐름을 느끼는 것이라면, 공감은 타자의 외적 관점에서 타자의 감정을 경험하는 것이다. 감정이입과 공감의 이러한 능력이 마련되어야 비로소 연민은 가능해진다. 연민은 문자 그대로 타자가 겪는 고통을 함께 느끼고 함께 나누는 것이기 때문이다.

(Nussbaum, 2001) 감성의 서사적 구조와 정체성의 문제를 동시에 고찰한다. 왜냐하면 감정이입과 공감, 그리고 연민에 입각한 타자 이해는 타자가 현재 위치해 있는 시공간의 맥락에서 그가 들려주는 이야기를 나의 이야기로 이해한다는 것을 의미하기 때문이다. 고대 희랍비극에서 나타나듯이 주인공의 고통에 직면하면서 관객이 느끼는 공포와 연민은 그와 유사한 운명이 관객 자신에게도 일어날 수 있다고 스스로 그 가능성을 상상하는 데서 발생한다. 이것은 주인공의 운명으로 묘사되는 플롯의 서사에 감정적으로 감응할 수 있는 능력을 요구한다.[8)] 감성의 능력과 심미적 성찰성에 기반을 둔 여성주의 리더십은 주체 자체를 타자들이 들려준, 타자들과 나눈 이야기들의 총합으로 이해한다. 그렇다면 주체가 대화를 나누는 상대방을 이해하고 배려할 때 무엇보다도 그의 느낌과 욕구에 따른다는 것은 지극히 자연스러워 보인다.

다음 장에서는 감성의 능력과 심미적 성찰성을 그 기본 축으로 하는 리더십의 예를 독일 부퍼탈의 탄츠테아터(Tanztheater in Wuppertal)를 이끌고 있는 피나 바우쉬(Pina Bausch, 1940~)에게서 찾아보기로 하겠다.[9)]

8) 서사적 구조를 지니는 상상력과 스토리텔링은 최근 리더십이 강조하는 소통 능력의 기본토대를 이룬다. 예를 들어 적합한 스토리텔링은 격려의 힘을 리더십의 주요 동력으로 강조하는 논의에서 가장 효과적인 격려 방식으로 추천될 뿐 아니라(Kouzes, James M. / Posner, Barry Z., 2003), 특정 리더십 내용을 전달하기 위한 글쓰기 양식으로 직접 사용되기도 한다(The Arbinger Institute, 2000).
"이야기를 해주는 것은 그 공동체의 가치 기준과 이상을 전달하는, 세계에서 가장 오래된 방법 중 하나이다. …… 훌륭한 이야기는 감동을 준다. 감동을 주고, 교훈을 주고, 기억하게 한다. 이야기를 듣는 사람이 그것을 실제 상황에 투영해, 그 상황에서 기대에 맞게 살아가려면 어떻게 해야 하는지 이해할 수 있게 해준다." 격려는 "사람의 마음에, 깊이 감춰진 가치 기준과 신념에, 물질적인 것을 넘어선 어떤 것에 말을 거는 일이며, 일터에 의미를 부여하는 것"이기 때문이다(Kouzes, James M. / Posner, Barry Z., 2003 ; 60~61, 101).

2) "나는 인간이 어떻게 움직이는가보다는 무엇이 인간을 움직이는가에 더 흥미를 느낀다"

– 피나 바우쉬와 그의 '부퍼탈 탄츠테아터'

—영향력

모던 춤 영역에서 새로운 춤의 개념과 영역을 개척한 사람으로 세계적인 인정을 받고 있는 피나 바우쉬는 심미적 성찰성과 감성에 기초한 리더십의 뛰어난 전범을 보여준다. 춤에 연극적 요소를 가미한 춤연극(Tanztheater/dance theater)이라는 새로운 형식을 개발하는 데 주도적인 역할을 해온 그녀는 이 분야에서 세계적인 리더이다(Ismene Brown, 2002). 그녀가 무대 위에 올리는 춤연극은 음악, 언어, 연기, 무용, 마임, 회화, 조소, 디자인, 사진, 비디오 이미지 등의 혼합으로서 강렬한 표현력을 확보한다. 바우쉬는 전세계적으로 가장 영향력 있는, 그리고 가장 논쟁적인 안무가로 알려져왔다. 비평가들은 종종 그녀의 작품들이 도덕적으로 명백한 태도를 보여주는 대신 관객들을 혼돈의 소용돌이에 내맡겨둔다고 매우 불편해했으나, 로버트 윌슨(Robert Wilson), 페터 슈타인(Peter Stein), 안나 테레사 데어 케어스마허(Anna Teresa der Keersmacher), 피터 브룩(Peter Brook), 로이드

9) 감성의 능력과 심미적 성찰성을 적극적으로 활용하는 리더십은 꼭 문화예술 영역에서만 찾을 수 있는 게 아니다. 본문에서도 말했듯이 녹색운동, 환경운동, 공동체 운동, 지역운동 등 다양한 공동체 운동들은 심미적 성찰성과 연관되어 논의될 수 있다. 예를 들어 지율스님과 '도롱뇽의 친구들'이 함께 한 천성산 살리기 운동과 그 이후의 '초록의 공명' 운동 역시 뛰어난 감성의 능력 및 심미적 성찰성을 보여준다. 지율스님이 보여준 생명의 감수성과 신자유주의 원칙에 의해 조정되는 국가체계에 대한 분석과 저항, 지속가능한 생명 친화적, 환경 친화적 공동체 삶에 대한 비전, 도롱뇽까지를 포함하는 모든 타자의 위험에 대한 몸적 반응 그리고 영상자료 및 글쓰기의 활용 등은 지율스님이 심미적 성찰성에 입각한 탁월한 리더임을 보여준다.

뉴슨(Lloyd Newson) 등 많은 연출가들과 안무가들, 오페라 감독들은 그녀에게 받은 영감을 고백하는 데 주저함이 없다(Tashiro, 1999 ; Lawson, 2002).

바우쉬는 1967년부터 자신의 모교인 폴크방 스쿨((Folkwang School, 독일 에센) 무용과의 학과장 및 폴크방 춤 스튜디오 감독으로 일하는 한편, 1973년 이래로 '부퍼탈 탄츠테아터'의 단장 겸 안무가로 활약하고 있다. 「타우리스의 이피게니(Iphigenie auf Tauris)」, 「봄의 제전(Frühlingsopfer)」, 「칠거지악(Die sieben Todsünden)」, 「카페 뮐러(Café Müller)」, 「카네이션(Nelken)」, 「마주르카 포고(Masurca Fogo)」, 「러프 컷(Rough Cut)」[10] 등 다양한 레퍼토리를 갖고 있는 '부퍼탈 탄츠테아터'는 매년 전세계를 순회하며 지구촌 사람들과의 만남을 시도하고 있다. 지난 30년 동안 그녀는 "가장 수요가 많은 독일의 문화수출품이 되었고, 세계에서 가장 유명한 춤의 대변자이자 새로운 춤의 억척어멈과 같은 존재가 되었다. 이는 그녀가 1973년 가을에, 즉 그녀의 커리어가 시작되던 맨 처음부터, 여성안무가나 춤 창작자에게는 결코 가능하지 않다고 여겨지던 방식으로 자신의 의도들을 표현했기에 더욱 놀랍다. 극단은 바우쉬의 세계적인 명성 덕분에 밀려드는 지원자들을 주체할 수 없다. 비록 아주 짧은 순간이라 할지라도 바우쉬와 함께 일했다는 것은 모든 무용수의 이력에 귀족칭호처럼 따라다니는 품질표시가 된다. 피나 바우쉬의 작업방식과 작품들

10) 바우쉬는 1986년부터 전세계의 도시나 국가를 소재로 작품을 만들고 있다. 단원을 이끌고 해당 도시에 가서 2~30일 동안 머물면서 경험하고 배우고 느낀 것들을 토대로 작품을 만드는 것인데 「러프 컷(Rough Cut)」은 바우쉬가 LG 아트의 지원을 받아 한국을 배경으로 만든 것이다. 바우쉬는 2004년 가을 2주 간 한국을 방문했고, 도시-국가 시리즈 13번째 작품인 「러프 컷」은 2005년 6월 22일부터 26일까지 서울에서 공연되었다.

은 세계 곳곳에서 모방되고 확산되었다. 쿠바나 중국대륙에서조차 그녀의 작업방식은 모방의 대상이다"(슈미트, 2005 : 21).

— 내용과 비전 : 관계성을 탐색하는, 관계를 창조하는 과정으로서의 탄츠테아터

바우쉬에게 가장 중요한 것은 사람들이 개체로서 겪는 경험이며 이것은 무엇보다도 몸을 통해, 몸 자체로서 표현되어야 한다. 그녀의 작품에서 몸은 전통적인 발레나 다른 무용에서처럼 특정 주제를 위해 기능적으로, 대상화된 방식으로 사용되지 않는다. 오히려 몸 자체가 주체로서 등장한다. 무대 위에서 움직이는 무용수들의 몸동작들은 어떤 하나의 플롯으로 수렴되지 않은 채 다양한 경험들을 들려준다. 이것은 종종 바우쉬의 작품들에 대한 부정적인 평가를 낳기도 했지만, 무용수들이 몸으로 들려주는 경험들을 통해 관객들은 스스로 의식하지 못했던, 혹은 대면하기 두려워했던 자신의 경험들과 마주치는 충격을 맛보게 된다. 처음 부퍼탈 탄츠테아터를 책임지게 되었을 때 바우쉬는 레퍼토리에서 「호두까기 인형」이나 「잠자는 숲 속의 공주」 등을 지워버렸고, 그로 인해 수년 간 정기회원권 취소 등 관객들이 보여주는 혹독한 반응을 견뎌야 했다. 그러나 "인간이 어떻게 움직이는가보다는 무엇이 인간을 움직이는가"(슈미트, 2005 : 21)에 더 관심이 많은 바우쉬는 포기하지 않고 사람과 사람 사이의 관계들에 대해, 사람들의 몸에 새겨진 상실과 유한성, 고통과 불안에 대해, 희망과 사랑에 대해, 사랑이 불러오는 싸움과 절망에 대해 탐구한다. 전후 독일 사회의 맥락 속에 펼쳐지는 개인들의 심리적 풍경을 팽팽한 직관력과 '내장을 침범하는 듯' 충격적인 감각(Ismene Brown, 2002)으로 표현하는 바우쉬 작품

들은 따라서 판타지와 지적 성찰을 동시에 요구하는 다중의 도전이다.

그러나 바우쉬의 탄츠테아터는 전후 독일 사회의 맥락뿐 아니라 후기근대의 환경 속에서 살고 있는 사람들의 의식과 무의식의 영역을 건드릴 만큼 확장되고 깊어진다. 그녀의 모든 작품은 인간의 보편적인 감정의 서사를 표정이 풍부하고 특수한 개별적인 사건들로 무대에 펼쳐놓는다. 개별적이고 특수한 것을 통해 보편적인 것을 사유할 수 있게 만드는 것, 이것이야말로 모든 심미적 표현과 판단이 갖는 힘이다. 바우쉬는 사랑과 두려움, 버림받았다는 느낌과 새로운 갈망, 좌절과 공포, 어린 시절과 죽음, 기억과 망각, 그리고 환경오염과 생명파괴에 대한 염려 등 동시대 인간들이 나날의 실존적 현장에서 직면하게 되는 핵심적인 질문들을 몸으로 표현함으로써 관객들이 좀더 구체적으로, 좀더 직접적으로, 무엇보다도 자신의 몸의 반응을 통해 그러한 질문들과 성찰적으로 직면하게 만든다.[11] 굴욕과 억압, 강제된 망각을 벗어나 평화롭고 자연스러운 소통의 맥락을 회복하기 위해 바우쉬는 늘 새로운 언어개발에 몰두한다. 자유와 해방을 가로막는 구조와 관습에 대한 저항은 바로 기존 언어와 표현방식들에 대한 저항이기 때문이다.

11) 바우쉬가 「러프 컷(Rough Cut)」의 한국 공연과 관련한 인터뷰에서 한 다음의 말은 설명이 아닌 해석과 표현을 중요시여기는 심미적 성찰성을 강조하고 있다고 볼 수 있다.
"개인적으로 어떤 생각을 표현하고 또 이해할 때 말보다는 춤이 훨씬 쉬울 때가 많습니다. 관객도 공연이 어떨 것이라는 선입견을 갖지 말고, 열린 마음으로 자신에게 어떤 느낌이 오는지에 집중하면 쉽고 즐겁게 공연을 즐길 수 있을 겁니다. …… 이번 작품 「러프 컷」은 한국을 소재로 했지만 한국에 관한 작품이라기보다는 한국에서의 경험을 바탕으로 인간에 대해 성찰하고 있는 작품입니다. 그렇기 때문에 주인공은 어디까지나 '한국'이라는 나라가 아니라 한국에 사는 '사람들'이지요. 물론 한국에서 보고 경험했던 것이 작품 전반에 녹아 있지만 작품을 만드는 데 있어 가장 중요했던 것은 제가 한국에서 만났던 사람들, 그들과 함께 울고 웃었던 경험들이었습니다. …… 제게 공연은 '만남'을 의미합니다. 저는 공연을 통해 관객들에게 제 자신을 보여주죠. 더불어 저나 무용수들은 공연을 통해 관객의 느낌을 전달받죠. 우리는 작품을 통해 관객과 교감하고 소통하는데, 이 한국 프로젝트 역시 좀 더 많은 사람들이 소통하기를 바라는 작업입니다"(경향신문, 2005. 6. 20).

바우쉬의 작품 모두를 관통하는 정서적 개념 중 하나는 두려움이다. 앞에서 논의했듯이 두려움과 불안은 이 시대를 사는 모든 사람들이 비껴갈 수 없는 주요 쟁점이다. 바우쉬가 부퍼탈 탄츠테아터를 이끌면서 새로운 춤-드라마를 고안하고 전개시킬 때 그녀가 보여주는 그녀의 위치는 이 문제와 관련해볼 때 매우 주목할 만하다. 두려움과 불안의 문제를 육체를 통해 시각화시킬 때 그녀는 자신의 두려움과 단원들의 두려움, 그리고 등장인물들의 두려움을 구분하지 않는다. 스스로를 무대 위에서 벌어지는 모든 동작과 사건에 섞여들어가게 만드는 그녀의 이러한 위치성은 한편으로는 단원들과 그리고 다른 한편으로는 관객들과의 사이에 '느낌이 있는 관계성'을 창출해낸다.[12] 리더는 관계를 창조한다. 리더십의 효과는 사람과 조직과 일 사이에 일치점이 있을 때만 발휘된다. 그리고 이것은 문화를 생산할 때 그 주제 및 향유자와도 관련된다. 문화 텍스트를 생산하는 리더는 상이한 계층과 영역, 생활문화의 장에서 다양한 삶을 살고 있는 향유자들과도 관계를 창조해낸다. 문화의 경우 그 관계의 가능성 자체가 무한하기 때문에 그만큼 그 파급효과 또한 무한할 수 있다. 바우쉬는 두려움과 그것의 반대급부인 사랑받고 싶다는 감정의 충돌을 강조하면서 사랑받고 싶다는 욕망을, 자신의 창작 작업 및 무용수들과의 작업에 제동을 거는 장치인 동시에 추진력이라고 부른 바 있다. "그것은 과정입니다. 사랑받고 싶음, 그것은 분명히 추동력이에요. 만약 내가 혼자였다면 상황이 달라졌을

12) 매번 공연이 있을 때마다 빠짐없이 그 자리에 동참하는 바우쉬는 자신의 습관을 이렇게 설명한다. "아마도 나는 나 자신이 부적이라고 생각하나봐요. 만약 공연에 자리 얻는 게 거부된다면, 나는 내가 더 이상 거기에 속하지 않는다는 느낌을 받을 거예요. 그렇다면 나는 모욕을 당한 것이지요. 작품, 앙상블, 나, 이것들은 모두 다 연관되어 있어요. 그러니까 내가 거기 있을 수밖에요"(슈미트, 2005 : 18).

수도 있겠지요. 사랑받고 싶다는 것은 언제나 다른 사람들과 연관되어 있으니까요" (슈미트, 2005 : 24).

바우쉬가 자신의 무용수들에게서 최선의 것을 끄집어내기 위해 적용하는 방식은 바로 이러한 연관성에 대해 그들이 자신의 경험세계 안에서부터 철저히 사유하고 해석하기를 촉구하는 것이다.

— 여성주의적 당파성과 앙가주망

바우쉬의 작품들을 관통하는 슬픔과 저항의 몸짓은 인간에 의한 인간의 착취, 특히 남성적 표상들과 상징적 가치들로 구조화된 세계 속에서 여성들이 겪게 되는 착취에서 가장 강렬한 표현력을 부여받는다. 비평가들은 바우쉬의 작품에 자주 등장하는 폭력들, 특히 여성에 대한 남성의 폭력과 그에 대해 마찬가지 폭력성으로 반응을 보이는 여성들에 대해 불편한 심기를 감추지 못하곤 했다. 특히 이것은 미국에서의 공연 때 가장 심했는데, "누군가가 큰소리만 질러도 견디기 힘들다" (Lawson, 2002)는 바우쉬는 그러나 그러한 폭력을 일상적으로 당하는 여성들의 고통을 관객들 또한 몸으로 느낄 수 있도록 하기 위해서는 폭력을 보여줄 수밖에 없다고 말한다. 일상을 가득 채우는 폭력을 직면하기 두려워 고개를 돌린다면 폭력은 사라지지 않을 것이기 때문이다. 그녀의 작품 중 특히 「두려워하지 마!(Fürchtet Euch nicht!)」는 가장 직접적으로 여성에 대한 남성의 폭력을 다루고 있다. "두려워하지 마", 이 말은 주변 여자들 모두를 강간하는 남자가 늘 그녀들에게 부드럽고 은밀한 목소리로 노래 부르듯 들려주는 말이다. 그녀는 일상에서 그토록 상투적으로 반복되는 폭력을 서슴없이 무대 위로 가져와 모든 사람들이 온몸으로 불편함을 느끼게 만든다. 그리고 그것의 상투성이

숨기고 있는 고통과 윤리적 책임 문제를 춤의 중요한 표현 대상으로 만든다.

바우쉬가 태생적인 페미니스트가 아니냐는 강한 의혹을 낳았던 작품「칠거지악(Die Sieben Todsünden)」(1976)은 독일 드라마 역사에서 지울 수 없는 '거장'의 자리를 새긴, 서사극의 창시자 브레히트(Bertolt Brecht)가 음악가 쿠르트 바일(Kurt Weil)과 함께 무대에 올린「소시민의 칠거지악(Die Sieben Todsünden der Kleinbürger)」을 비판적으로 재해석한 것이다. 브레히트와 바일은 이 작품에서 멋쟁이 남자에게 쉽사리 마음을 빼앗기는 철없는 아가씨들에 대한 동정을 (바일이 작곡한) 감상적인 싸구려 유행가를 통해 나타내고 있는데, 바우쉬가 보기에 가부장제 사회에서 남성들이 그런 식으로, 철부지 여성들에게 한수 가르치려 드는 태도는 예술적으로나 정치적으로나 용인하기 힘든 것이다. 그래서 그러한 연극적, 음악적 장치들을 모두 제거해 버린다. 자신의 작품은 어떤 사회적, 정치적 이슈도 내세우지 않는다고 바우쉬는 강조하지만, 그녀의 작업은 특히 문화예술 생산에서 더욱 중요해질 수밖에 없는 '의미의 젠더 정치학'에 매우 능통해 있다. 발레, 연극, 쇼 비즈니스 사이에서, 웃음과 울음 사이에서 절묘한 균형 잡기를 시도하는 이 작품은 볼거리와 오락에 대한 관객들의 욕구도 채워주면서 동시에 한 치의 타협도 없이 여성주의적 관점에서 당파성을 지닌다. 바우쉬는 남성들이 세운 세계, 즉 그들이 자신들을 위해 그리고 소위 그들에게 의존하는 여성들을 위해 세운 세계를 맹렬하게 조롱한다. 원작을 만든 브레히트나 쿠르트 바일 역시 그들 나름의 독특한 재현방식을 통해 가부장제의 젠더 정치학을 비판하고 있지만, 바우쉬가 보기에 그들의 미학적 재현방식 역시 조롱과 비판의 대상이 될 수밖에 없는 것이었다. 남자들이란 거만한 동시에 우스꽝스러운 존재임을 폭로하는 미학적 처리방식에서 바우쉬와 그의 앙상블 단원들이 보여주는 조소는 정점을 이룬다. 즉 남자들은 무대 위에서 치마와 드레스 차림의 복장도착자 쇼 무희들로 변신한다. 여자역할 또한 여자 못지않게 아니 여자보다 더 잘할 수 있다는 것을 과시하기 위해서다. 이러한 풍자와 조롱의 연출과정에서 춤은 더 이상 자기목적 혹은 예술 그 자체이기를 그만두고 젠더적 관점에서 여성과 남성들의 해방을 촉구하는 메시지로 도약한다. 당파성과 앙가주망으로 가득 찬 이 작품을 지탱해주는 것은 그러나 뛰어난 미학적 실험과 도전이다. 이를 통해 여성주의 관점과 심미적 성찰성은 즉자적 차원에서 소위 여성적 가치라고 사회적으로 규정된 관습들, 행태들, 표현양식들, 재료들의 모방적 재현을 통해서가 아니라 그것들을 젠더 관점에서 뒤집어보고 새롭게 질문함으로써 얻어진다는 것이 명백하게 나타난다.

— 여성주의적 감성 공동체 : 단원들과 함께 모색하는 새로운 미적 실험의 길

1978년 이래로 바우쉬의 탄츠테아터는 보다 더 집단적이고 공동체적인 공동작업 형태를 띠게 된다. 그녀는 새로운 작품을 구상할 때마다 무용수들에게 다양한 질문을 함으로써 그 작품이 점차 내용과 형태를 찾아가게 만든다. 때론 즉각적으로, 때론 깊은 명상과 탐구를 통해 나온 단원들의 답변들은 이야기와 이미지, 그리고 제스처가 되어 무대 위에서 소개된다. 단원들이 흥미로운 대답을 하면 이것은 남김없이 기록되고, 그 다음 작업 단계에서 심화되거나 확대, 또는 변형된다.[13] 이러한 작업방식은 작품의 내용과 형식 모두에 근본적인 영향을 끼친다.

단원들이 드디어 관객들 앞에 등장해 몸을 움직이는 마지막 그 순간까지 극은 변화할 수 있다. 이것은 바우쉬가 자신의 탄츠테아터를 이해하고 개념화하는 방식과 안무 방식 자체가 진행중인 구성의 성격을 띤다는 것을 의미한다. 단원들과 주고받은 질문들과 대답들, 연상들, 착상들은 작고 이질적인 부분 장면들의 콜라주와 몽타주 작업을 통해 하나의 형상으로 연결된다.

자신의 작품들은 하나의 완결된 구상을 바탕으로, 출발점에서 시작해 끝을 향해 전개되는 것이 아니라 오히려 어떤 핵을 중심으로 해서, 안에서부터 바깥쪽으로 자라나온다고 그녀는 한 인터뷰에서 말한 바 있다. 그러한 핵에서 이제 매혹적인 디테일들이 세심하게 가공되고 정확하게 계산되어, 탁월한 전체로 자라날 수 있게 되는 것은 물론 단원들과의 집단적 모색과 실험을 통해서이다. "나의 작품들은 내부에서부터 나온 것이다" 라고 말하는 그녀에게 단원들의 훈련된 춤 능력도 물론 중요하지만 더욱 중요한 것은 단원들 개개인의 인간적 특성이다. 부퍼탈 탄츠테아터의 단원들은 연령이나 생김새, 몸집 등에서 모두 다르다. 여기에서는 누구도 '스타' 나 '독무가' 의 중심적 위상을 갖지 않

13) 피나 바우쉬의 드라마투르그로 일했던 작가 라이문트 호게(Raimund Hoghe)의 「반도네온」 연습일지는 질문과 답변으로 진행되는 구상 단계를 다음과 같이 보여주고 있다.
"그녀는 '여러분들이 갓난아기나 아이들에게서 보았는데 여러분 자신은 이미 그것을 잊고 말아서 아쉬운 것을 알아내려고 하며, 더 이상 없어서 섭섭하다고 생각하는 것, 더 이상은 존재하지 않아 아쉬워하는 그런 것들에 대해 생각한다' 고 말한다. …… 그렇게 해서 '무능력보다는 다시 아이처럼 될 가능성, 아이들처럼 솔직해질 가능성' 을 찾기. '내 이름은 장인데, 너랑 놀고 싶어', '나 힘들어, 업어줘', '너 왜 나랑 말 안하는 거야?' – '몇 시간씩 무엇인가와 놀기' – '가구를 성(城) 삼아 놀기' – '어떤 마술사가 마술을 할 수 있다고 믿기', '언제나 왜냐고 묻기' 질문을 하면서 주변과 자기 자신에 관해 알아보고, 경험하고, 발견하기" (요헨 슈미트, 2005 : 103).

는다. 단원들은 간혹 결혼을 위해, 혹은 출산이나 육아를 위해 몇 년간 앙상블을 떠나 있다가 다시 되돌아오기도 한다. 바우쉬는 그들이 개인으로서 사는 삶을 존중한다. 그리고 단원들의 생계나 경력에 대해 리더로서 갖는 책임을 수행하기 위해 거의 초인적인 자기극복의 힘을 발휘한다.[14] 탄츠테아터라는 형식 자체가 집단적이고 공동체적인 리더-구성원의 관계를 요구하지만 바우쉬와 부퍼탈 탄츠테아터의 작업방식은 기본적으로 작품구상과 전개, 퍼포먼스에 이르기까지 서로 영감을 불어넣어주고 공감과 감정교류를 통해 최상의 것을 이끌어내는 탁월한 예를 보여줌으로써 긴밀한 공동체적 성격을 간직하는 미적 생산작업이 어때야 하는지에 대한 비전과 방향성을 제시한다.

14) 전세계적으로 받는 찬사에도 불구하고 그녀는 매번 새로운 작품을 시작할 때마다 처음 작업을 하는 사람처럼 당혹감과 절망감에 빠진다고 고백한다. 그 절망감은 너무나 심각해서 깊은 나락으로 한없이 떨어지는 것을 막지 못한다. 그럼에도 불구하고 그녀가 계속 안무가로서 작업을 수행하는 것은 단원들에 대한 책임감 때문이다. 이에 대해 바우쉬는 발레리 로슨과의 인터뷰에서 이렇게 말하고 있다.
"새로운 작품을 시작할 때면 그 무엇도 나를 도울 수 없어요. 나는 포기하고 싶어지죠, 정말로 말이에요. 그러나 포기할 수 없어요. …… 새로 시작하는 작품은 복잡하고 …… 너무나 많은 힘을 요구하죠. 나는 너무 연약해요. 감정적인 문제지요. 나는 잠을 잘 수가 없어요. 자려고 하지만 실패하죠. …… 나는 생각을 너무 많이 해요. 머리가 훼방을 놓는 것 같아요. 보기에는 간단한데, 나는 정말 복잡하게 만들죠. …… 가끔 '이게 마지막이야. 다시는 반복하지 않을 거야' 라고 말하는 순간이 와요. 그러나 시간이 흐른 후에는 다시 생각하게 되죠. '지금 그만둘 수는 없다. 얼른 새 작품을 시작해야 돼' 라구요. 그러면서 나는 지나치게 극단적인 상태에 빠져들게 되죠. 가라앉고 또 가라앉고 …… 정말 끔찍하고 참혹하죠. 가라앉고 …… 계속해서 깊이, 깊이 더 깊이. 그러나 포기할 수 없죠. 단원들이 언제나 거기 있기 때문이죠. 내가 무언가 하기를 기대하면서 말이에요"(Lawson, 2002).

5. 나가는 말

다문화적 지구지역 시대에 필수불가결한 젠더 감수성과 문화적 감수성, 그리고 다문화 해석 능력(multicultural literacy)은 타자의 경험세계를 그것의 시공간적 맥락에서 감성적으로 이해하는 데서 출발한다. 흔히들 21세기를 여성, 판타지, 감성의 시대로 정의 내린다. 여기서 여성과 판타지 그리고 감성이 함께 연관되어 언급되는 것은 우연이 아닐 것이다. 왜냐하면 여성은 남성적/도구적 합리성과 맹목적 생산성에 의해 규정되고 관리되는 가부장제 체제에서 주변적 위치에 머물면서 감성의 다양한 스펙트럼을 담고 있는 이야기의 전통을 유지해왔으며 억압적으로 작용하는 기존 규범에 저항하는 환상적 욕망을 개발해왔기 때문이다. 여성은 또한 돈이나 도구적 생산성으로 환원되지 않는 살림의 노동을 담당해오는 과정에서 감정이입과 연민에 기반을 둔 상호소통의 맥을 이어왔다. 이제 이러한 힘들은 보다 확장된 사회정치적 차원에서, 기업과 문화생산 현장에서 여성주의 리더십의 근본 동력으로 작용할 것이다. 그리고 역량이나 수월성 자체를 젠더 관점에서 새롭게 질문하고 보다 양성평등하고 자율적인 일터를 만들고자 노력하는 여성주의 리더십은 타자와 심미적-감성적으로 공감하고 연대함으로써 그러한 노력이 대안적 삶의 비전과 실천으로까지 이어질 수 있도록 도울 것이다. 사회적 안전망이 지속적으로 붕괴되고 행복한 삶에 대한 기대나 희망이 전적으로 개인의 자기계발식 기획능력의 문제로 전가되어버리는 신자유주의 경제체제에서 이제 여성주의 리더십은 '더불어 행복한 삶'에 대한 구체적인 비전을 세우면서 그것의 실천적 수행이 사회전반의 문화풍토를 지속적으로, 역동적으로 바꾸는 데 기여하게 될 것이다.

| 참고 문헌 |

김혜련 (2005), 「감정서사에 기반한 여성 주체 형성 : 담론의 방법 대 스타일」, 『美學』 제42집, 2005. 06.

서동진 (2005), 「자기계발의 의지, 자유의 의지—자기계발 담론을 통해 본 한국 자본주의 전환과 주체형성」, 연세대학교 대학원 사회학과 박사학위논문.

이상화 (2004), 「지구화 시대의 지역 공동체와 여성주의적 가치」, 『지구화 시대 여성주의 대안가치』, 서울 : 푸른사상, 15~55.

장필화 (2004), 「여성 리더, 여성적 리더십, 여성주의적 리더십」, 『여성적 가치와 여성리더십』, 이화리더십개발원 개원 1주년 기념 학술대회 자료집, 서울 : 이화리더십개발원.

조형 엮음 (2005), 『여성주의 가치와 모성 리더십』, 서울 : 이화여자대학교출판부.

조혜정 (2006), 「후기 근대적 위기와 '돌봄 국가' 적 패러다임 전환을 위한 시론 '차가운 근대 cold modern' 에서 '따뜻한 근대 warm modern' 로」, 미발표 논문.

Beck, Ulrich (1986), *Risikogesellschft. Auf dem Weg in eine andere Moderne*, Suhrkamp, Frankfurt am Main.

Belenky, Mary Field et.al. (1986), *Women's Ways of Knowing*, Basic Books.

Benjamin, Jessica (1998), *Shadow of the Other*, Routledge, New York & London.

Brown, Genevieve / Irby, Beverly J. (2001), *Women and leadership : creating balance in life, Nova Science Publishers* (『(균형잡힌 창조적 삶을 위한) 여성리더십』, 조병남 옮김, 예영커뮤니케이션, 2005).

Deleuze, Gilles/Guattari, Felix (1976), *Kafka, Für eine kleine Literatur, übers. v. Kroeber, Burkhart*, Suhrkamp, Frankfurt am Main.

Drucker, Peter Ferdinand (2001), *The essential Drucker: in one volume the best of sixty of Peter Drucker's essential writings of manegement*, Collins (『미래경영』, 이재규 옮김, 청림출판, 2002).

Fletcher, Joyce K. / Käufer, Katrin (2003), "Shared Leadership : Paradox and Possibility", in : Pearce, Craig L. / Conger, Jay A. (ed.), *Shared Leadership: Reframing the Hows and Whys of Leadership*, Sage Publications, Thousand Oaks · London · New Delhi.

Forsyth, Donelson R. (1990), *Group Dynamics*, Thomson Brooks/Cole, Pacific Grove, Calif (『집단 심리학』, 서울대학교 사회심리학 연구실 편역, 서울: 학지사, 1996).

Giddens, Anthony (1991), *Modernity and Self-Identity*, Cambridge, Polity.

Gilligan, Carol (1982), *In a Different Voice:Psychological Theory and Woman's Development*, Harvard University Press, Cambridge, MA.

Goldsmith, Marshall et. al. (2005) *The Many Facets of leadership*, Pearson Education (『리더십 바이블』, 연호택/박종호 옮김, 서울: 브레인 2006).

Goleman, Daniel / Boyatzis, Richard E. / McKee, Annie (2002), *Primal leadership : realizing the power of emotional intelligence*, Harvard Business School Press, Boston, Mass (『감성의 리더십』, 장석훈 옮김, 서울: 청림출판, 2003).

Goleman, Daniel (1995), *Emotional Intelligence,* Bantam Books, New York (『감성지능』, 황태호 옮김, 서울: 비전 코리아, 1997).

Helgesen, Sally (1990), *The Female Advantage: Women's Ways of Leadership*, Doubleday, New York.

Hochschild, Arlie Russel (1989, 1997), *The Second shift: working parents and the revolution at home*, Avon Books, New York, N.Y. (『돈 잘 버는 여자 밥 잘 하는 남자』, 백영미 옮김, 서울 : 아침이슬, 2001).

Hooks, Bell (2000), *Feminism is for everybody:Passionate Politics*, South End Press, Cambridge, MA (『행복한 페미니즘』, 박정애 옮김, 서울 : 백년글사랑, 2002).

Jonas, Hans (1984), *Das Prinzip Verantwortung. Versuch einer Ethik für die technologische Zivilisation*, Suhrkamp, Frankfurt am Main (『책임의 원칙 : 기술 시대의 생태학적 윤리』, 이진우 옮김, 서울 : 서광사 1994).

Kark, Ronit & Shamir, Boas (2003), "The Two Faces of Transformational Leadership : Empowerment and Dependency", in *Journal of Applied Psychology*, Vol. 88, No. 2, 246~255.

Kark, Ronit (2004), "The Transformational leader : Woh is (s)he? A feminist perspecative", in *Jounal of Organizational Change Management*, Vol. 17, Iss. 2, 160~171.

Kouzes, James M. / Posner, Barry Z. (2003), *Encouraging the Heart: a Leader' s Guide to Rewarding and Recognizing Others*, Jossey-Bass, California (『격려의 힘』, 최주연 옮김, 서울 : 에코비즈 2004).

Lash, Scott & Urry, John (1994), *Economies of Signs & Space*, SAGE Publications, London.

Maihofer, Andrea (1995), *Geschlech als Existenzweise. Macht, Moral, Recht und Geschlecterdifferenz*, Helmer, Frankfurt am Main.

Murray, Margo (2001), *Beyond the Myths and Magic of Mentoring - How to Facilitate an Effective Mentoring Process*, New and Revised Edition, Jossey Bass San Francisco.

Nussbaum, Martha C. (2001), *The Intelligence of Emotions*, Cambridge University Press.

Rosenberg, Marchall B. (2003), *Nonviolent Communication: A Language of Compassion*, PuddleDancer Press, CA (『비폭력 대화 : 일상에서 쓰는 평화의 언어, 삶의 언어』, 캐서린 한 옮김, 서울 : 바오, 2004).

Schmidt, Jochen (1998), *Pina Bausch: Tanzen gegen die Angst*, Econ

Verlag, Muenchen.

The Arbinger Institute, Inc. (2000), *Leadership and Self-Deception: Getting out of the Box* (『상자 안에 있는 사람, 상자 밖에 있는 사람—자기 기만과 자기 배반을 깨닫게 하는 리더십』, 이태복 옮김, 도서출판 물푸레).

Brown, Ismene (2002), "A place where life happens", in : www.telegraph.co.uk

Tashiro, Mimi (1999), "Pina Bausch - Life and Work". Stanford University Lecture, in : http : //prelectur.stanford.edu/lecturers/bausch/life.html

Lawson, Valerie (2002), "Pina, Queen of the Deep", in : http : //www.ballet.co.uk/magazines/yr…02/feb02/interview…bausch.htm

여성주의 리더십의 '문화적 토대'로서의 사회자본과 네트워크

양민석 *

1. 머리글 : 여성 리더십에 대한 질문들

최근의 여성 리더십에 대한 관심은 권위주의적이고 지배적인 기존 리더십의 특성과 양태를 넘어서는 대안적 리더십에 대한 모색과 맞물려 있다. 새롭게 제시되는 리더십의 유형들은 수평적 리더십, 서번트 리더십, 통합적 리더십, 거미줄형 리더십, 변혁적 리더십, 더 나아가 리더레스 리더십과 같이 다양한 양태를 통해 그것이 추구하는 대안적 가치들을 표현하고 있다. 리더십의 이와 같은 유형들 안에서는 권한의 분산, 다양성의 인정, 포용과 돌봄의 의미들이 공통적인 특성으로 발견된다. 대안적 리더십으로 주목받는 여성 리더십은 기존 리더십과 다른 이러한 특성들을 더욱 잘 표현하고 있다고 평가된다. 그러나 여성 리더십

* 이화여대 한국여성연구원 연구교수.

에 대한 이러한 평가에 있어 몇 가지 질문들이 던져진다. 여성들이 행사하는 모든 리더십이 다 대안적 가치를 소유하고 있는가? 리더십이 여성성과 남성성에 근거하여 이항대립적으로 이해되는 것이 타당한가? 대안 리더십으로서 여성 리더십은 무엇을 지향해야 하는가? 이러한 질문과 문제제기들은 그간 여성 리더십의 다양한 차원을 구분하여 개념화하고, 이제까지 남성중심적으로 전유되었던 리더십 개념을 여성주의적 입장에서 재개념화하는 작업들로 이어져왔다.

여성주의란 여성억압의 역사 속에서 태동되고 구성되어온 실천이념으로서 여성에게 부과되어온 제도적이고 의식적인 강제뿐 아니라 무의식적이고 이데올로기적인 억압 기제들과 그 원인들을 청산하고, 대안적인 기획들을 구상하고 실행시키려는 정치적 목표를 갖는다. 여성주의가 추구하는 대안적 가치는 남성지배적인 가부장 사회의 불평등한 사회제도와 지배구조를 변화시키고, 일상적 생활세계의 성차별적 의식과 규범들을 문화적으로 바꾸어가는 방향성 속에서 설정된다. 여성의 특수한 역사적 경험은 여성주의가 기획하고 설정하는 대안적 가치와 정치적 목표의 기준과 원천이 된다. 또한 여성주의는 억압의 역사 속에서도 여성들이 확보해온 포용력과 보살핌의 능력, 상호공조와 협력의 관계성, 일상과 환경의 연계성 속에서 미시적 문제의식을 거시적 구조변화의 힘으로 변화시킬 수 있는 동력을 중요하게 포착한다. 여성의 삶과 그에 기반한 실천경험은 이미 다양성과 탈중심성, 탈위계성의 차원에 놓여 있다. 여성주의는 이러한 여성경험의 적극적이고 긍정적인 측면을 현 사회에 필요한 대안적 전망들과 연결시킴으로써 '억압된 여성의 해방'이라는 단순한 억압가설의 한계와 이항대립적 실천의 차원을 뛰어넘는다. 여성주의는 이와 같이 실천을 통해 개입되고 구성되는 개념이다.

이러한 과정 속에서 중요성이 강조되고 있는 여성주의 리더십은 남성 리더십에 대한 여성 리더십이라는 단순한 권력관계에서 비롯되는 이항대립적 주장이 아니라 대안적 가치를 내포한 발전적 지향성 속에서 탐색되고 있다. 다시 말해서 그동안 남성들과 다른 요구와 역할이 주어졌던 여성들의 경험적 토대와 배경 속에서 대안적 리더십의 단초를 발견하고 그것을 리더십의 새로운 가치로 발전시키고, 그 실현을 위한 구체적인 모형을 개발시키고자 하는 노력 중의 하나가 리더십의 여성주의적 재구성인 것이다.

여성주의 리더십은 그 관점과 특성, 과제 설정에서 기존 리더십과 분명한 차별성을 갖는다. 우선 기존 리더십에 대한 논의와 인식이 사회적으로 팽배한 남성중심 문화와의 관계 속에 형성되어, 그 안에 여성의 상황과 특성, 그리고 경험들이 제대로 반영되지 못했음을 주목한다. 이것은 리더는 남성이고, 리더십의 특성을 남성적 특성으로 이해하는 짝개념(coupling concept)의 배경과 성별성에 대한 인식이다. 즉 남성중심적 리더십의 이념형적 수용과, 남성보다 부족한 리더십의 여성적 과제가 여성배제적 문화를 배경으로 하는 것이지, 성별능력의 본질적 차이에서 비롯된 것이 아니라는 인식이다.

둘째, 여성주의 리더십은 이제까지 비가시화되거나, 사소하고 하찮은 경험이라 폄하되어온 여성들의 능력을 재평가하고, 그 안에서 더 많은 리더십의 효율성과 변혁 가능성을 찾는다. 즉 보살핌과 배려의 경험, 민주적이고 유연한 관계 형성 등 여성들이 더 많이 쌓아온 자질들은 변화하는 조직 및 사회적 환경에 더욱 적합한 대안적 리더십의 단초로 제시될 수 있다. 이것은 여성에 국한된 것이 아닌, 리더십의 다양한 가능성에 대한 개방적 모색이며, 남성 리더들에게도 영향을 미쳤던 기존 리더십 행위특성의 한계를 극복하는 시도이다.

셋째, 여성주의 리더십은 조직의 효율적 운영뿐 아니라 조직의 관습과 제도를 변혁시키고, 리더와 구성원 스스로의 변화계기를 추동하며, 특정 조직 또는 전체 사회의 가치지향을 대안적 방향으로 이끄는 문화적 기반확대의 과정을 포함한다. 여성주의는 성별문제와 여성의 경험으로부터 출발한 인식을 사회의 보편적 방식과 가치로 실현해내는 과제를 통해 실천되고 있다. 이러한 지향 속에 모색되는 여성주의 리더십은 성인지적 감수성에 근거한 성별문제의 적극적 해결 모색, 주변화된 창의성의 발굴, 역동적 상호관계 형성을 통한 시너지 효과 등을 창출하여, 조직과 사회의 생산성뿐만 아니라 환경에 영향을 주고 대안적 문화를 추동하고 공고히 하는 효과성을 갖는다.

그러나 여성주의 리더십이 갖는 실천적 의미에도 불구하고 그것이 현실적인 명증성을 담보하지 못하거나 실천의 구체성을 의심받는다면 여성주의 리더십 개념은 다분히 선언적이라는 비판을 피할 수 없을 것이다. 여성들이 가지고 있는 가치와 여성주의 가치는 다를 수 있으며, 이러한 가치가 반영된 여성주의 리더십이 현실 속에서 그 작용력과 사회적 의미를 확인해가기 위해서는 여성적 경험과 품성에 기반한 여성주의 가치들이, 그리고 그것이 반영되어 있는 여성주의 리더십이 무엇을 토대로, 어떠한 맥락적 관계에서 실체적인 리더십으로 발현될 수 있는가 하는 것과 그에 따른 힘의 구성(empowerment)은 어떻게 창출될 수 있는가에 대한 질문과 답변이 요구된다.

이에 따라 본 연구는 여성주의 가치와 리더십의 실천과 현실적 구현을 위한 문화적 토대로서의 사회자본에 주목하고 현장에 있는 여성 리더들의 사회적 연결망[1] 구성 및 운용방식을 분석하여 여성 리더십에 대한 사회자본의 현재적인 문제와 과제들은 무엇인지 파악하며, 성별 인식을 토대로 한 리더십이 기반하고 있는 사회자본이 어떤 차별성과 여성주의적 동력을 가질 수 있는지 탐색한다. 그 과정에서 주요하게 다루어질 문제들은 여성들의 사회자본에 대한 인식, 여성들이 형성해가는 사회자본의 성별적 특성, 여성주의 가치의 공유와 실천, 여성주의 리더십 임파워먼트에 작용하는 사회자본의 창출 등이다.

이러한 연구문제들은 기본적으로 "여성주의 가치가 관철되는 사회자본 형성과정이 여성주의 리더십의 창출 및 강화 과정과 맞닿아 있다"는 인식 하에 다루어진다.

2. 사회자본 : 여성주의 리더십의 '문화적 토대'

사회자본 개념은 최근 사회과학 분야에서 다양하게 논의되며 사회분석의 단위로 적용되고 있다. 우선 부르디외(Bourdieu)가 정리하는 사회자본이란 "지속적인 네트워크 혹은 상호 면식이나 인정이 제도화된 관계 즉 특정한 집단의 구성원이 됨으로써 획득되는 실제적인 혹은 잠재적인 자원의 총합"이다(Bourdieu, 1983). 인적자본이나 물적자

1) 이 글에서 언급하고 있는 연결망과 네트워크의 개념은, "연결망이 '속성'적 개념이라면 네트워크는 '과정'적 측면을 강조하는 개념"이라는 기존 연구의 규정을 따른다(박숙미, 2002 : 28~29). 이 글에서는 이것을 바탕으로 행위자들의 구체적인 관계의 동학이 여성주의적 가치를 기반으로 할 때, 연결망의 특성 또한 네트워크의 동적 메커니즘을 통해 여성주의적으로 속성화할 수 있다는 것을 강조하고, 이러한 여성주의적 사회연결망 모델을 통해 도구적 차원을 넘어선 사회자본의 문화적 의미를 구축하고, 그를 토대로 한 여성주의 리더십의 새로운 가능성을 탐색하고자 한다.

본과 구별되는 부르디외의 사회자본은 개인이나 집단이 공유하는 지속적인 관계망을 기반으로 하는 자본으로서 인맥의 개념과 유사하다.[2)]

퍼트남(Putnam)은 사회자본을 민주주의를 작동시키는 핵심으로 파악하고, 공동체 사회의 상호이익을 위해 협동하도록 만드는 일련의 사회 구성원들 간의 수평적인 연합으로 본다(Putnam, 1993). 콜멘(Coleman)은 퍼트남의 정의를 확장시켜 수평적 관계뿐만 아니라 위계적 구조나 불평등한 권력분배에 의한 수직적 관계까지 포함시키며, 사회자본을 "특정한 행위자가 그 안에 참여함으로써 특정한 목적을 성취할 수 있도록 해주는 사회구조 혹은 사회적 관계"로 정의한다(Coleman, 1988).[3)]

버트(Burt)는 그라노베터와 함께 사회자본의 기능성보다 '관계적 속성'에 초점을 맞춘다. 사회자본을 관계적인 속성에서 볼 때 관계 유형에 따라 사회자본은 다양하게 분류되고 사회적 효과 역시 긍정적인 것과 부정적인 것을 동시에 고려할 수 있다는 것이다.[4)] 버트와 그라노

2) 여기에서 특정한 행위자가 갖고 있는 사회자본의 총량은 그가 효과적으로 동원할 수 있는 연결망의 크기 또는 범위와 그 연결망에 소속된 각 사람의 경제적, 문화적, 상징적 자본의 양에 달려 있다(Bourdieu, 1983).

3) 콜멘의 기능적 사회자본 개념은 닫힌 연결망, 밀도 높은 연결망을 통한 '강한 연대(strong tie)의 강점'을 통해서 더욱 부각되는데, 이것은 열린 연결망, 밀도 낮은 연결망을 통한 '약한 연대(weak tie)의 위력'에 대해 보고한 그라노베터(Granovetter)의 설명과 대별된다(Coleman, 1988; Granovetter, 1973). 버트(Burt)는 그라노베터의 약한 연대의 개념을 '구조의 빈틈(structure holes)'이라는 보다 일반화된 주장으로 발전시킨다(Burt, 1992). 버트에 의하면 구조의 빈틈은 정보의 이점과 통제의 이점을 가져다준다. 다시 말해서 구조의 빈틈을 많이 가진 사람은 더 폭 넓고 새로운 정보에 빨리 접할 수 있으며, 그가 접하는 정보는 다양한 정보원으로부터 들어온 것이기 때문에 한쪽의 의견으로 편향되지 않고 균형 잡힌 정보일 가능성이 높다는 것이다. 또한 구조의 빈틈을 많이 가진 사람은 다른 사람들 '사이에' 위치하는 자신의 위치상의 이점을 활용하여 타인에 대한 통제를 더 쉽게 할 수 있다(장덕진; 황정미, 2003).

4) 여기에서 사회자본은 사회적 관계가 직접적이냐 구조적이냐에 따라 유형이 구분된다. 직접적이고 대면적인 관계는 양자적(dyad) 사회자본을 만들어내는데, 이것은 파벌적 네트워크를 형

베터가 주장한 사회자본의 '관계성'은 사회자본을 구성원들에게 기능적으로만 작동하는 것으로 규정하지 않고 사회적 관계의 다양한 효과를 보여준다는 점에서 긍정적인 평가를 받고 있지만, 직접적인 대면관계와 구조화된 관계를 중심으로 한 양가적 결과를 논하는 구도는 사회자본 논의의 한계로 지적되고 있다.

이러한 분석은 사회자본에 대한 단편적인 결과들을 보여주는 것으로 관계의 다양한 측면들에 따라 변화하는 사회자본의 역동적인 측면들을 밝혀주지 못하고 있다. 사회자본에 대한 일반적인 논의 역시, 공동체나 특정 집단의 정치문화나 조직의 특성을 중심으로 거시적으로 접근하는 방향과 개인이나 집단이 형성하는 관계, 즉 주로 위에서 설명한 사회적 연결망을 중심으로 접근하는 미시적인 방향으로 나뉘어 진행되는데, 사회적 관계의 다양한 변수들에 근거한 사회자본의 변환이나 역동성을 고찰하기 위해서는 공동체의 사회문화적 특성과 같은 거시적인 차원과 개인이 맺고 있는 연결망에 대한 미시적 차원의 분석이 함께 이루어질 필요가 있다. 특히 연줄망과 같은 사적인 신뢰나 유대관계가 공적인 영역에 대한 영향력을 강력하게 갖고 있는, 그리고 그러한 연고와 연줄에 의한 강한 폐쇄성을 기반으로 한 사회자본이 남성중심적으로 전유되는 한국사회의 문화환경 속에서는 그 안에서 배제되고 있는 여성들이 의존하고 관계맺는 연결망에 대한 분석과 그 배경이 되는 사회문화적 특성에 대한 분석이 교차할 수밖에 없다는 것을 인식할

성하여 강한 결속과 통합, 집단적 정체성의 확립을 담보하는 대신 집단의 경직성과 폐쇄성으로 변화를 저해하는 부정적 결과를 낳는다. 반면 구조적 사회자본은 구조화되고 공식화된 사회적 네트워크 속에서 형성되는 것으로 구조의 빈틈 또는 약한 연대가 많을수록 사회자본이 형성되기 쉬우나 결속과 통합이 용이하지 않다는 측면이 있다(Burt, 1992; Granovetter, 1973).

필요가 있다. 이러한 인식과 분석방법 속에서는 그동안 사회자본에서 취약한 존재로 설명되어온 여성들이 사회자본을 형성해가기가 왜 힘들었는지, 그리고 여성의 사회자본이 남성들과 어떠한 점에서 차별성을 갖는지, 그리고 여성주의적 관점에서 사회자본의 구성이 어떻게 이루어져야 하는지를 파악하고 설명할 수 있을 것이다.

또한 여성들이 소유하고 있는 사회자본은 그들이 참여하는 공적 영역에서의 관계뿐 아니라 사적 영역에서의 관계망을 포함하는 여성이 갖는 포괄적인 자원의 잠재성을 설명해줄 수 있는 개념으로 확장 해석될 수 있다. 이런 점에서 볼 때 여성에게 사회자본은 유익한 이점을 고려하는 기능적 차원이 아니라 사회자본의 자원력을 담보하는 '관계'의 구성과 유지와 변환을 이끌어내는 연결망 내 상호작용의 역동적 움직임을 통해 설명되는 것이 더욱 중요할 것이다. 연결망 구성원들에 의한 상호작용의 역동성은 사회자본의 특성과 기능 그리고 그 함의의 다양한 변화 가능성을 노정한다. 이런 점에서 사회자본은 이미 틀 지워져 고정불변한 것이 아니라 행위자들의 관계맺기에 따라 변화하고 재구성되는 과정으로서의 특성을 갖는다 하겠다. 사회적 관계와 연결망 속에서 구성원과 행위의 주체가 되고 있는 여성의 상호작용적 역동성이 여성주의적 가치를 상정하고 공유할 때, 경쟁과 이해관계를 구성원들과 이기적이고 배타적이지 않은 방식으로 풀어갈 때, 사적 신뢰와 공적 신뢰를 도구적 동기(instrumental motivation)가 아닌 공동체 규범에 토대를 둔 완성적 동기(consummatory motivation)를 통해 지속해갈 때 형성되는 사회자본은 여성주의 리더십의 원천으로 작용할 수 있을 것이다.

이렇듯 사회자본이 보다 중요한 이유는 그것이 자발적인 협동행위를 유발하여 개인의 사적 이익 추구의 동기에서 유발되는 집단행동의 딜레마를 극복하고 사회적 공동선의 구현을 보다 용이하게 만들 수 있는 문화적 토대[5)]가 되기 때문이다. 여기서 사회자본의 '문화적 토대'로서의 의미는 그동안 사회자본에서 주목된 도구적 활용성과 중요성의 차원을 벗어난다. 여성주의 리더십을 통해 확보될 수 있는 사회자본은 대립적이고 배타적인 연결망의 사회적 네트워킹이 아니라, 그 관계맺기의 방식 자체가 여성주의 의미화의 실천이며 주체화의 양식이다. 사회마다 지배문화가 존재하듯이 리더십의 특성과 실천방식도 남성지배적인 양상을 배태해왔다. 그러나 여성주의 리더십의 실천은 이제까지 지배적 양식으로 통용되어왔던 중심의 문제를 주변 영역으로 확대하는 시도와 과정을 통해 관철되는 것이다. '강한 연줄'이 지배해온 기존의 사회적 연결망도 그것이 구성원들에게 보장해주는 이익의 차원이 사상되었을 때 지속성을 담보하기 어렵다. 반면 여성주의 가치를 기반으로

5) 기존연구에서 리더십과 사회자본과의 관계에 대한 규정들은 주로 두 변수 간의 상호영향에 대한 조직국한적 측면들을 서술하고 있다. 즉, "첫째, 리더십은 조직목표와 관련을 가짐으로써 조직구성원 간의 협력체계를 증대시켜 그 조직의 사회자본을 증대시킨다. 둘째, 리더십은 리더와 추종자 관계로 나타나 리더와 구성원 간의 신뢰성을 구축하는 데 결정적인 영향을 미치게 된다. 셋째, 리더십은 공식적 조직계층의 책임자만이 갖는 것이 아니라 집단 내 다른 구성원의 행동을 자극하고 영향을 미치는 과정이라면 동료 간 또는 하위직에 있는 자에 의해서 행사되기도 하여 구성원 간의 수평적 신뢰성 또는 협력관계를 증대시키게 되어 그 단체의 사회자본에 영향을 미친다. 넷째, 리더십은 리더가 추종자에게 일방적으로 행동을 강요하는 것이 아니라 어디까지나 상호작용의 과정을 통해 정도를 높여야 하므로 사회자본의 특성인 상호이해의 중요한 변수가 되고 있다. 다섯째, 리더십은 리더의 권위를 통해서 발휘되는 것이 아니고 구성원의 참여와 관심을 통해 발휘되기 때문에 사회자본과의 관계를 설명하고 있다. 여섯째, 리더십은 소속집단 및 조직 내에서 분화된 여러 가지 직능을 수행하게 함으로써 구성원 간의 체계적이고 적극적 참여를 유도하게 됨으로써 그 단체의 사회자본을 증대시킨다"(김남선 외, 2002 : 80~81). 이러한 서술은 리더십과 사회자본을 조직 내의 문제로 국한시키고, 조직목표을 매개로 한 리더십과 사회자본 두 변수 간의 단선적 영향력에 대한 언급이다. 여기서는 구성원들의 자발성을 수동적으로 고찰하고 있으며, 리더십과 사회자본에서 구성원들의 관계맺기 방식이나 연결망의 성격들이 조직 내외적으로 문화적 변화의 동인이 될 수 있음을 간과하고 있다.

한 연결망은 서로의 행위에 영향을 주며, 잠재되어온 역량을 확인하고 주변화되었던 주체를 새롭게 발견하는 과정을 함의한다. 이것은 리더와 구성원의 문제, 리더십의 과제를 효과성을 중심으로 조직 내에서만 고찰하는 방식을 벗어나며, 새로운 네트워킹의 방식과 모형을 통해서 변화되는 행위공간의 문화를 사회적으로 창출하는 것으로, 상호 영향력을 토대로 한 여성주의 리더십은 그 계기를 더욱 강화해갈 수 있다.

이런 점에서 사회자본은 그것이 비판받고 있는 사적인 연고주의의 부정성을 탈피하고, 자발적 참여와 연대의 상호작용 속에서 사회적 가치와 규범의 변화를 가능케 하는 통로를 확장시킨다. 사회자본의 이러한 가능성 속에서 여성주의적 '자율성과 관계성'에 기초한 리더십의 발현을 위한 발전적 단초를 읽을 수 있다.

3. 여성 리더의 네트워크 경험과 사회자본의 특성

사회적 연결망은 사회자본 창출에 주요한 기제로 작용한다. 특히 남성들에게 사회적 연결망은 매우 중요한 삶의 한 부분이 되어왔다. 이것은 사회자본이 남성의 사회적 성공을 좌우할 뿐 아니라 가족의 생계 책임자로서의 의무를 수행해야 한다는 가부장적 가치관에 근거한 남성의 정체성을 실행시킬 수 있는 기제로 작용하기 때문이다. 그러므로 여성 배제와 더불어 이루어지고 있는 남성들의 사회적 연결망 형성과정은 '가장 이데올로기' 실현과 밀접한 관련이 있다(변화순, 1997).[6] 남성의 사회자본이 갖는 이와 같은 성격은 여성의 경험과 입장을 고려하지 못하는, 오히려 위배되는 폐쇄적인 특성들을 보이며, 이것에 근거한, 또는 그 안에서 작동하고 있는 리더십은 대안적 양태로 나타나지 못하고 있다.

반면 여성의 사회자본 형성은 남성과 다른 조건 속에서 이루어지고 있다. 장덕진과 황정미는 경험적 자료 분석을 통해 대부분의 조직에서 여성의 수가 남성의 수에 비해 현저히 적다는 변수가 여성의 사회자본 구성에 상당한 제약으로 작용하고 있음을 보여준다. 또한 여성의 경우 남성에 비해 공식 연결망과 비공식 연결망의 중첩이 심한 현상을 보이는데, 이것은 남성에 비해 여성에게 사회자본이 더 희소한 자원이라는 점을 시사한다고 설명한다(장덕진 ; 황정미, 2003).

이런 점에서 볼 때 여성에게 사회자본은 자신의 현실적인 역량을 확장시키는 데 도움이 되거나, 자신이 소속한 연결망의 사회적 관계 속에서 자신을 확인하고 또한 영향력을 주고받을 수 있는 행위기반으로서의 의미를 제대로 담보하고 있지 못하다. 이것은 사회조직에서 중간 관리자급 이상 지위에서 활동하는 여성들이 업무적으로 사회자본의 중요성은 인식하나, 실제적으로는 그에 대한 관리나 투자에 미흡한 대신 개인의 노력과 능력에 더욱 의존하고 있는 양상 속에서 더욱 두드러지고 있다.

"(네트워크는 본인에게 어떤 의미가 있나요?) 네트워크 굉장히 중

6) 한국사회의 가부장적 문화 속에서 개인의 연고와 연줄구조에서 나타나는 경향 중 하나는 '약한 연줄'에 대한 거부이다. 전통사회에 존재했던 넓은 범위의 친족망이 더 이상 존재하지 않음에도 학연과 지연이 연줄망으로서 그 자리를 메우는 기능을 하고 있다. 남성 엘리트 중심의 사회적 지배와 통제가 관철되고 있는 구조적 조건 하에서 강한 연줄에 대한 의존은 그러한 인맥을 끌어들이는 능력이 있는 남성들에게는 유리한 전략으로서 매우 합리적인 선택이지만 그러한 자원력이 없는 여성들에게는 더욱 불리한 사회적 조건의 재생산을 의미한다(변화순, 1997).

요하구요. 본인이 어떤 일을 하게 되든 어떤 조직에 가게 되든 본인이 결정권을 행사하기 위해서 필요한 여러 가지 정보, 지식, 또 판단력을 위한 어드바이스, 멘토, 이런 것들을 적절하게 가져가는 것은 굉장히 중요한 일이라고 생각해요. (네트워크가 중요하다고 실감했던 경우들은?) 있죠. 모든 것이 원리로만 딱 해서 해결되면 딱 좋죠. 근데 그렇지 않은 경우들이 많으니까. 문제들이 복잡하게 얽혔을 때 정확하게 그 문제를 풀어나갈 수 있는 포인트가 어딘지 어떤 사람인지를 파악하는 게 되게 중요한데. 그게 그 사람이 나랑 전혀 관계없는 사람이면 풀기가 굉장히 어려워요. 근데 적절한 네트워크를 가지고 컨택 포인트를 가져갈 수 있으면 해결하기가 굉장히 쉬워지죠. (……) 저 같은 경우는 저의 비즈니스를 위해서는 따로 네트워크를 만들어서 하는 것은 많지 않구요. 그냥 나라는 사람을 만나면 이런 이런 정도는 그냥 기대할 수 있는 서비스라든지 퀄리티라든지 그런 것들을 기대할 수 있게 만드는 것들을 중요하다고 생각하게 되었고. 그래서 저는 막 일부러 친하게 지내고 같이 뭘 하고 그런 그룹을 가지고 있지는 않아요. 그래도 문제가 생기면 연락을 주시고 같이 의논하기를 원하고 하시는 분들이 있고요. 그런 식으로 했어요." (인력경영 외국기업 부사장)

네트워크의 중요성을 인식하고 적절한 연관성을 가져야 한다는 생각도 하지만 여성들이 현장에서 네트워크를 적극적으로 활용할 수 없는 주요한 이유는 현실적인 사회적 연결망들이 그간 혈연, 지연, 학연 등의 연고를 중심으로 한 파벌적 성격을 띠고 형성되어왔으며, 여성의 끼어들기를 불허하는 여성 배제적인 정서를 기반으로 하고 있다는 점이다.[7] 이러한 정서는 현재에도 면면히 남아 있는데 특히 사적인 관계가 공적인 관계로 연계되는 문화적 배경에서 남성을 중심으로 한 비공식 영역의 문화는 남성 간의 유대를 강화시키는 반면 네트워크를 중심으로 한 성차별을 재생산하며, 여성들의 네트워크 접근성을 어렵게 하는 요인이 되는 것이다.

사회 제반 조직에서 여성 리더십에 제한적인 조건들을 부여해온 비공식문화는 회식문화, 술문화 등 남성들의 네트워크를 중심으로 했던 과거에 비해 개방적이고 그 내용도 건전해졌다. 팀원들끼리 술보다는 식사를 같이하고, 남성들만 갈 수 있었던 룸살롱 등 2차, 3차의 문화는 건전한 취미동우회로 변모하기도 했다. 그러나 조직 내 네트워크는 여전히 남성들을 중심으로 구성되는 경우들이 많으며, 남성들이 이와 같은 비공식적 연결망을 중요시하는 반면, 여성들은 네트워크보다는 개인적인 능력과 업적을 여전히 중요시하고 있다.

> "남성들은 인간관계, 네트워크를 중요시하고 잘 관리하는 편이다. 회사에 나 말고 남자 부사장이 또 있는데 그 사람은 이런 면이 아주 활발하다. 투자하는 시간도 많을 것이다. 그게 중요하긴 하지만 나는 오히려 업무를 잘하면 일이 다 잘 풀린다고 생각한다. 사람들은 '여기 있으면 사장도 한번 해야 하지 않느냐'고 하지만 사장은 좀더 넓게 관계맺고 관리하고 통솔해야 하는데, 솔직히 그런 일보다 지금의 내 업무를 내가 더 잘할 수 있을 것 같다." (인력경영 외국기업 부사장)

일반적으로 '여성들은 네트워크에 약하다'는 평가가 있으나 이것

7) 애경그룹의 장영신 회장도 여성이 없는 경제인 모임에서 홀로 기둥 뒤에 숨어 몇 시간씩 서 있다 오는 일이 다반사였다고 고백한다(서울신문, 2005. 11. 21).

은 반드시 부정적인 것은 아니며, 다중적으로 해석될 필요가 있다. 사실상 여성들은 그동안 남성들이 구축해온 네트워크의 활용방식을 추종해야 하는가에 대한 나름대로의 고민들을 하고 있다. 왜냐하면 그동안 남성들이 참여하고 활용하고 있는 네트워크란 보다 폭넓은 인맥을 기반으로, 네트워크 구성원들의 이익을 배타적으로 확보하는 것이었기 때문이다. 이것은 때로 사회적 공동선이나 지향해야 할 가치에 위배되는 양상을 띠기도 하며, 비도덕적인 양태로 나타나기도 한다. 여성들이 '네트워크에 약하다'는 평가는 이러한 성격의 네트워크에 참여하는 것을 선택하지 않는다는 의미를 갖는다. 기존 연구에 따르면 여성들은 조직 내에서 유리한 사회자본을 가지고 있는 경우도 그것을 자신의 성과를 위해 사용하는 것을 스스로 용납하지 않는다(장덕진 ; 황정미, 2003).

네트워크는 업무를 비롯한 서로의 발전을 도모해가는 토대가 될 수 있으며, 조직 안팎으로 사회적인 관계를 형성해가는 훈련의 기회로도 작용한다. 네트워크의 중요성을 인식하지 못할 경우 여성들 간의 연대는 물론이고 조직 내 주요한 일들에 대한 정보에서도 여성들은 취약한 접근성을 보이게 된다. 여성들은 대다수 네트워크의 중요성과 필요성은 느끼고 있으나 문제가 생기면 개인적인 차원에서 해결할 뿐, 공유와 연대를 통한 해결방법을 찾는 데 미흡했다. 그러나 조직문화가 성평등적인 지향점을 갖는 경우, 기업 차원에서 여성들 간의 네트워크 및 멘토-멘티의 관계형성을 권장하기도 했으며, 이에 따라 네트워크에 대한 여성들의 관심과 실천이 더욱 적극적으로 발전하는 경우도 존재했다.

"우리는 통합(국내기업과 합병)한 이후에 최고경영자의 경영원칙과 권장으로 상위급 여성 상관이 주도해서 중간관리자 이상에 있는 여성들을 중심으로 네트워크를 활성화시키고 있다. 부사장, 상무, 전무, 지점장, 지배인 등이 리드해가는데 한 달에 한 번씩 강사도 불러 특강 듣고 토론하고, 멘토링도 개발해서 한 달에 몇 번씩 오후에 2~3시간씩 만나서 얘기도 나눈다. 나도 문제가 있으면 내 위의 여자 상관에게 조언을 구하고, 부하직원들에게도 그런 역할을 하려고 한다. 이런 멘토링 체계가 잘 되어 있는 편인데 서로 인격적으로 신뢰하고 문제를 의논해서 적절한 과정을 거쳐 공론화시키고 해결방법을 서로 찾아준다. 여자들이라서 이해의 폭이 넓고 유대감도 느끼고, 조직의 일원으로 자신을 생각하게 된다." (합자은행 상무)

이것은 여성의 사회자본이 외부적인 '평등과 기회'의 권유를 통해서 통로를 찾고 변화되었던 경우를 보여주는데, 여성들이 그 안에서 서로를 확인하고 새로이 구축된 연결망을 통해 힘을 얻고 자원을 확보할 수 있다는 점은 고무적이나, 조직의 문화나 방침들이 여성 문제에 호의적이지 않은 경우 여성 주체의 내부로부터 변화시킬 수 있는 동력이 발현되기 힘들다는 점을 예측할 수 있다. 이런 점은 여성 배제와 남성중심적인 연줄망이 강고한 한국의 조직들 속에서 여성들의 조직 의존성을 강고하게 하고, 사회적 연결망을 통한 여성 리더십의 발현도 제한성을 갖게 한다.

여성들이 그간 네트워크 형성에 취약했던 이유는 기업 안에서 소수자인 여성들이 일반적인 연대 구조로부터 배제되는 경우가 많았으며, 오로지 개인적인 능력의 인정을 통해서만 승진과 자기발전의 가능성을 볼 수 있었기 때문이었다. 그러나 여성 관리자들에게 네트워크는 기본적으로 중요하다는 인식이 점차 확장되어가고 있으며, 이것은 업무적 차원뿐 아니라 개인적 차원에서도 고무적인 계기가 되고 있다.

"여기 계신 남자들 중에서 업무는 그럭저럭 하는데 회사 안의 인맥 관리를 아주 잘하는 사람이 있다. 회사 인사와 관련된 부분의 정보에도 훤하고, 주요한 사람들의 학력, 고향, 전 직장, 그 관심사를 잘 챙기는 사람인데, 잘 나간다. 회사생활의 우선순위이고 일하기 전에 네트워크부터 찾는다. 네트워크가 중요하다는 걸 보여주는 대표적인 모델이다. 여자들은 일에서 인정받아야 한다고 생각하니까 스타일이 달랐다. 요즘은 여자들끼리의 네트워크에 가서 위안도 받고 개인적으로도 힘이 된다." (합자은행 상무)

"노 네트워크(no network)는 노 아이디어(no idea)다. 업무와 관련된 전문성 네트워크, 경영계의 네트워크, 친분, 동창, 학부모 네트워크 등 모든 부분이 중요하다. 그냥 주부들과의 네트워크에서도 소비자적 감각에 대한 아이디어와 정보를 얻는다. 개인적으로 이런 네트워크를, 성격과 그간의 관계를 중심으로 나에 대한 믿음, 신뢰를 바탕으로 관리한다." (국내 그룹 인력개발원 원장)

이와 같이 사회적 연결망, 즉 네트워크는 여성들의 사회적 활동에 중요한 기반이 되고 개인적인 동력을 구하는 원천으로서 작용하고 있다. 또한 조직 내외적인 차원에서 여성 리더십의 네트워크 형성과 참여에 대한 관심이 높은 반면 여성들에게는 그것을 현실화하는 추동력이 부족하다. 여성 리더들은 그 주요한 이유로 리더십 훈련과 네트워크와 관련한 여성 경험의 취약성을 설명하기도 한다.

"저는 일을 열심히 하고 일을 많이 배웠는데 처음에 많이 느꼈던 어려움이 여자들은 어떻게 관리하고 매니지하고 리드하는지를 배울 기회가 별로 없었던 거예요. 남자들은 근데 뭐 학교에서도 그렇고 특히 군대에서 리더십에 대해서 스스로 배울 기회들이 많았잖아요. 여자들은 그런 기회가 참 없었어요. 처음에 제 팀원을 가졌을 때 고민을 많이 했어요. 리더십에 관한 책도 많이 보고. 왜냐면 어떻게 해야 할지 모르겠는 거예요. 아, 이게 참 여자와 남자의 사회화의 차이구나. 남자들은 책을 보지 않아도 자연스럽게 체득할 수 있는 기회가 많았는데 여자는 그런 게 없다보니까 그런 점에서 내가 뒤처지지는 않을까 그런 걸 많이 의식하고 (……) 이걸 학교에서 배우지도 않았고 조직 생활에서도 누가 가르쳐주지 않거든요. 그래서 계속 책도 읽고 세미나도 가고. 상대적인 열등감이랄까. 남자들은 나처럼 특별히 노력을 하지 않아도 몸에 배어 있거나 사회화된 부분이 있을 텐데 나는 이렇게 후천적으로 배워가야 뒤지지 않고 앞서간다는 강박관념이 있어요." (제조업 분야 외국기업 이사)

여성 리더들은 그간 개인적인 능력개발에 주력해왔으나, 리더십을 관계 속에서 어떻게 발휘하고 확장시켜야 하는지 훈련할 수 있는 기회를 갖지 못했으며, 네트워크를 통해서 상호 간의 발전을 이루어가는 경험의 의미를 체득하지 못했던 것이다. 이것은 남성을 적극적 주체로 키우는 사회화 과정과 더불어 조직문화와 네트워크가 남성에게 초점을 둠으로써 주체적 행위자로서의 여성의 존재를 간과해왔고, 여성의 활동을 제한하며, 그만큼 남성의 지배적 위치를 유지해온 배경과 관련이 있다. 이렇듯 여성의 경험은 성별로 분리된 공간 속에서 남성의 경험과 다른 내용과 방식으로 구성되어왔다. 이것이 네트워크 참여에 여성들을 소극적으로 만드는 주요한 원인이 된다. 이런 점에서 여성의 네트워크 형성과 참여는 여성에 대한 문화적 제도적 제한성을 해체시키고, 여성의 경험에 근거한 문화적 기반을 만들어가는 방식으로 모색되어야 할 것이다.

그러나 남성들에 의해 구축되고 활용되어온 기존 네트워크의 내용과 방식이 공동체의 발전보다는 개인의 이익을 우선적으로 확보하기 위한 배타적인 성격의 연결망이라는 점을 인식한다면, 여성들의 네트워크는 배타적인 경쟁관계에서 유리한 지위를 확보하기 위한 것이 아니라 여성주의적 가치를 담보하는 내용과 방식으로 다르게 인식되고 구성되어야 할 것이다.

여성의 네트워크와 사회자본에 대해서 이제까지 진행되어온 연구들은 대부분 그 기능성과 효과 측면에 천착해온 경향이 있다. 사회자본을 고정불변한 것으로, 그리고 자원적인 성격으로만 분석해온 틀을 벗어나, 여성이 관련 연결망 속에서 상호작용할 수 있는 관계적 측면[8)]으로 고찰한다면, 사회자본이 갖는 여성 리더십에 대한 함의는 훨씬 역동적일 수 있다. 또한 여성주의 인식을 행위의 토대로 하고 있는 구성원들에 의해 여성주의 리더십을 위한 자원확보 역량의 증대뿐 아니라 사회적 관계의 문화적 내용을 변화시키는 근간으로 작용할 수 있을 것이다.

8) 여기서 상호작용에 근거한 관계적 측면에 대한 주목이란, 여성 리더십의 특성을 여성성에 천착해 남성 위주의 명령/통제 스타일의 리더십과 구분하여, 타인에 대한 배려나 섬세함 등을 강조하는 시각과 차별성을 갖는다. 이러한 리더십이 조직 구성원에게 더 많은 권한과 정보를 제공하고 스스로의 자긍심과 능력을 고양할 수 있는 계기로 작용할 수 있다는 점은 인정될 수 있으나 이것이 조직경영의 효율성 차원을 넘어서지 못할 경우 조직에서 공유되는 관계성 역시 거래적 수준에 머물게 된다. 이런 점에서 자원적이고 기능적인 차원을 넘어서 서로에게 영향을 주고 변화동력을 제공하는 관계가 중요한 것이며 그것은 문화적 토대의 변화와 형성과정의 공유 속에서 가능하다 할 것이다.

4. 역동적 사회연결망 모델과 여성주의 리더십의 가능성

1) 역동적 사회연결망 모델의 의미

그렇다면 네트워크에 대한 기능적 차원의 이해를 떠나 여성들의 경험을 간과하지 않고 오히려 그것을 근간으로 연대하며 새로운 문화를 만들어낼 수 있는 사회자본의 형성은 어떻게 모색될 수 있을 것인가.

이러한 시도의 일환으로 본 장에서는 여성주의 가치와 이념이 사회적 연결망 속으로 전환되고 공유, 지향되어 여성주의 리더십의 실현과 영향력 증대를 도모할 수 있는 문화적 토대로서의 사회자본의 가능성을 역동적 사회연결망 모델(dynamic social network model)을 통해 탐색해보고자 한다. 이것은 여성주의 가치와 이념의 공유와 그것에 기반한 행위들에 대한 주장이 단순히 선언적인 것이 아니라 유용한 사회자본 모형과 같은 적절한 기제를 통해서 현실에서 가능태로 나타날 수 있음을 보여주는 시도이다.

신고전주의 경제학에서는 사회자본을 시장적 경쟁상황에서 개인들 간의 연합과 협동 개념으로 파악하고 있다. 여기서는 자신의 손실을 극소화시키고 이익을 극대화시키는 '합리적' 행위자만 포착된다. 합리적 인간은 타인이나 집단을 위해서 자신의 손실을 감수하고 희생하는 '비합리적'인 행위를 결코 하지 않으며, 자신의 이해와 부합되는 경우에만 타인과 전략적으로 협동하고 집합행동에 참여한다. 올슨(Olson)은 이러한 합리적인 행위자들이 타인의 노력에 무임승차하기를 선호하며, 집단적 공공선 또는 공공재(public goods)를 생산한다 해도 이것은 공공재 이외의 유인력 있는 다른 재화를 추구하는 행위의 부산물에 지나지 않는다고 설명한다(Olson, 1965).

그러나 올리브(Olive)나 마웰(Marwell), 굴드(Gould)나 헤카손(Heckathorn) 등 일련의 학자들은 올슨의 합리적 행위자들이 사회적 고립체인 양 행동한다고 지적하며, "개체 행위자들 사이에 형성되어 있는 상호의존성"에 근거하여 현실 속에서 집합행동의 딜레마를 해결하는 많은 다른 행위 가능성을 갖고 있다고 분석한다. 이렇듯 이해타산에 기반하지 않은 협동과 희생을 통해 집단의 가치를 강화하고 그 질서를 유지해가는 경우들이 현실 속에서 다양하게 나타나고 있으며, 이러한 이론들은 합리적인 행위자들이 선택적인 유인력이 없어도 공공재 생산을 위해 결집하고 행동할 수 있음을 뒷받침해주고 있다(김효정, 1997).

이기적이고 자기중심적인 사람들이 서로 간의 관심을 공유하고 이해관계로 상충하는 경쟁자가 아닌 그것을 공유하는 동료로서 서로 협동하게, 나아가 헌신하게 만드는 경우들에 대한 이해는 역동적 사회연결망 모델을 통해 도모해볼 수 있으며, 이것은 특히 여성주의 리더십의 현실적 실천 가능성과 양태들에 대한 이해와 전망을 용이하게 하는 데 기여한다.

역동적 사회연결망 모델은 행위목적에 대한 가치부여 또는 관심은 외부로부터 주어지며 일단 주어진 이상 변화하지 않는다는 합리적 선택이론의 가정을 완화시키는 것으로, 김효정은 이 모델을 집합행동과 사회운동 영역에 적용했다. 이 모델에서 개별 행위자들 간의 상호작용은 일상의 방관자적 소시민들을 적극적인 사회운동가로 변화시키는 집단행동의 용광로로 표현된다. "합리적인 행위자들이 상호의존적이다"

라는 명제와 "실천하는 관심(activism)은 운동가들의 사회연결망 속으로 자리매겨짐(embedded)으로써 가일층 증대된다"는 명제를 바탕으로 사회운동 속에서 역사적으로 변화하는 가치부여와 관심은 행위자들이 그들의 연결망 속에서 상호작용하는 가운데 발생한다고 설명한다. 구성원들의 이와 같은 상호작용은 결국 구성원으로서의 정체성, 관심의 계속적인 심화 및 확산을 가능케 한다(김효정, 1997).

2) 역동적 사회연결망과 여성주의 리더십의 구성

역동적 사회연결망 모델에서는 이와 같이 사회자본의 효과적 기능적 측면보다는 '관계의 역동적 상호작용성'을 주목하는데 사회운동과 집합행동에 적용되는 이와 같은 모델은 여성주의적 가치를 공유하는 집단과 연결망에 대해서도 일정한 설명력을 갖는다. 왜냐하면 여성주의 리더십의 실천이란, 실천 동인으로서의 여성주의적 가치에 대한 관심과 인식이 필요한 것이며, 여성 리더들이 맺고 있는 사회적 연결망 내에서 이러한 가치들이 공유되어야 하고, 또한 이것은 연결망 내 역동적인 상호작용을 통해 지속되고 심화 확산될 수 있기 때문이다. 다시 말해서 여성주의를 경험하지 않은, 또는 그에 방관자적인 연결망 내의 구성원들은 여성주의 리더와의 상호작용을 통해 여성주의 또는 여성주의 리더십에 대한 관심을 저하시키는 영향으로부터 보호될 수 있으며, 여성주의 리더 또한 동료와 변화하는 추종자들과의 상호공존적인 연계를 통해서 여성주의적 관심을 실천적 관심(activism)으로 발전시킬 수 있다. 이럴 때 사회적 연결망을 통한 사회자본은 여성주의 리더십을 임파워시킬 수 있는 동력이 되며, 구성원들의 인식과 관계맺기를 통해 변화한 사회적 연결망, 그것을 기반으로 한 사회자본은 여성주의 리더십을 보다 더 심화 확산시키는 문화적 토대로서 작용한다.

여성주의적 관심이 실천적 관심으로 공유되고 변환될 수 있는 구성원들 간의 역동적 상호작용이 이루어지고, 방관자적인 구성원들이 여성주의 리더십과의 상호공존적인 연계를 통해 변화될 수 있는 연결망의 구성과 유지는 이러한 여성주의적 가치를 공유하는 집단과 연결망 속에서 확보되는 사회자본의 특수한 성격을 통해 설명될 수 있다. 이 때의 사회자본은 물질적 재화와 서비스 생산과의 관련성만을 갖는 것이 아니라 사회－감성재화(social－emotional goods)를 생산하는 의미를 갖기 때문이다. 사회－감성재화는 보살핌을 표현하고 입증하거나, 자각과 자애심을 증가시키는 정보를 제공하는 사람들 사이에 표출된 정서라 할 수 있다(박성쾌, 2004 : 202). 사회－감성재화는 인간의 다양한 필요를 충족시켜주므로 상호교환과 상호작용에도 중요한 가치를 지닌다. 사회자본은 이와 같이 실체적 재화 및 서비스 거래의 관점을 넘어서 비실체적 재화(사회－감성재화)의 교환에 대한 관점을 포괄한다. 사회－감성재화의 교환은 사회자본이 존재하는 네트워크 속에서 이루어지며, 사회－감성재화가 중요한 의미를 차지하는 사회자본은 개인적인 선택과 행위를 상호의존적으로 만들어주는 유효한 자원이 될 수 있다. 이런 점에서 사회－감성재화는 여성주의적 관심이 매개되고 공유되는 연결망의 역동적 상호작용을 더욱 강화시키는 토대가 된다. 즉 타인에 대한 관심과 배려, 공유하는 가치에 기반하는 연대의 형성은 각각의 필요에 적절히 대처할 수 있도록 하는 융통성과 상황 적합성을 마련해주며, 각기 다른 사람과 상황에 따라 개별적인 해결책을 찾아내는 특수성의 논리를 가능하게 한다. 이것은 서로 지향하는 가치에 대한 인식뿐 아니라 경험을 공유하는 감성적 기반을 통해 이루어지는 관계라 볼 수 있다. 다시 말해서 정서적 지지와 인정의 확인, 즉 사회-감성재화의 교환은 그것을 이끌어내는 여성주의 리더십과 구성원 간의 상호 신뢰와 공조를 유지시켜가며, 결국 이러한 사회자본의 창출은 여성주의 리더십을 확장시키는 문화적 토대로서의 힘을 갖는다.

여성들이 활동하고 있는 다양한 공동체의 연결망들은 상호작용의 경험에 기반하여 구성원들의 실천적 관심과 자발적 또는 가치지향적 참여를 이루어내는 사례들을 보여주고 있다. 우선 지역운동에 참여하는 주부 네트워크의 조직문화를 탐색해보면, 공동체 네트워크에서 타 성원들 간의 관계가 자신의 활동에서 중요한 의미를 갖는다고 생각하고 있음을 알 수 있다. 문홍빈의 논문에서 분석한 생활협동조합에 참여하는 주부들은, 생협에 지속적으로 참여하는 이유가 네트워크의 인간관계에 있음을 밝히고 있는데, 여기에는 단순한 관계지향성이 아니라 주부로서의 특정한 경험과 이것에 기반한 자매애적 동지애와 신뢰, 성적 불평등의 경험 공유가 서로의 관계맺기를 통해서 공동체적 가치관을 추구하는 삶의 태도로 발전되고 있음을 알 수 있다. 공동체의 연결망 속에서 경험했던 상호배려와 신뢰는 조직의 응집력을 증대시키며 조직의 임파워먼트를 도모하여 전업주부로서의 행복을 공적 영역에서의 행복으로 확장 전환시킬 수 있게 하였다(문홍빈, 2000). 특히 주부가 관계지향적 조직문화에서 경험하는 자매애는 공적 생활과 사적 생활이 교차하고 공유되는 관계맺음의 문화에서 비롯되는 것으로, 이러한 자매애는 상호격려하게 만들어 주부로 하여금 자신에 대한 긍정성을 경험하게 하고 결국 개인적 임파워먼트의 원천이 되고 있다.[9] 또한 개인적 임파워먼트가 사회적 실천의 원동력이 되면서 상호작용적 관계성 속에서 시작된 실천의 원동력은 집단적 에너지로 승화되고 공유되고 있다(김종미, 2004). 이것은 연결망 속에서 자신의 셀프리더십을 확인하고 서로를 고양시키는 그리고 그것을 바탕으로 공동체의 연결망을 문화적으로 변화시켜가는 과정을 보여준다.

이렇듯 '역동적 사회연결망'을 기반으로 한 사회자본의 구축은 여성주의 리더십을 심화 확산시키는 문화적인 토대가 된다. 왜냐하면 리더와 동료 또는 추종자들은 여성경험에 대한 공감대를 형성하고 그것을 중심으로 한 상호공존적인 관계맺기를 하며 역동적인 상호작용을 통해 여성주의적 관심을 환기시키고, 그것을 실천적 관심으로 이끌어내기 때문이다. 그러므로 역동적 사회연결망을 중심으로 한 사회자본은 리더십에 대해 단순한 자본 또는 자원력의 수준을 넘어서 인간을 변화시키고 여성주의를 강화시키는 문화적 작용력을 갖는다. 이러한 '문화'로서의 사회자본이 보다 큰 힘을 갖기 위해서는 여성주의적 멘토링 확보가 매개되어야 할 것이다. 왜냐하면 멘토링은 조직 네트워크의 중요한 부분으로서, 네트워크의 동적 메커니즘을 통해 연결망의 특성을 재생산해내는 기제가 될 수 있기 때문이다.

멘토링은 일반적으로 경험이 많은 멘토와 그 영향을 받는 멘티의 밀접한 인간관계 속에서 개인 및 조직 또는 집단의 발전을 도모하는 기

9) "주부들의 힘, 여자들의 힘, 아주 작은 사소한 일이지만 작은 아이디어를 냈던 사람들에 대한 믿음이 자매애에서 나오는 것 같아요. 저 혼자 보면 보잘게없다구요. 그치만 저 사람이 얘기한 생각 하나, 발자국 하나가 굉장히 커다란 힘이 될 수 있다는 믿음이 있다면 그러니까 그게 자매애라고 얘기하는 것 같아요. 제가 만난 자매애는 그런 것 같아요. 그리고 그, 그 내가 그렇게 해서 받아들여졌다는 긍정감 있잖아요. 이게 막 서로에게 상승효과를 주는 것 같아요"(여성단체 활동 10년차 주부-김종미, 2004:113).

능을 제공해주는 것으로서, 현재 사회 각 부문에서 적극적으로 활용되고 있다. 그러나 기존 연구에서 자주 지적되었듯이 여성들은 남성중심적 문화와 네트워크 속에서 적절한 경력지원과 심리적 지원을 해줄 수 있는, 그리고 서로의 발전을 상호 도모해갈 수 있는 멘토관계 형성에 많은 어려움을 겪고 있다. 그러므로 대부분의 여성들이 조직 내외적인 멘토관계의 구축과 제도화가 활성화될 필요성을 느낀다. 일단은 여성의 경험을 이해할 수 있는 멘토관계가 다양하게 시도되어야 하며, 여성주의적 가치를 공유하고 지향하는 멘토링은 기존의 일방적인 멘토-멘티의 관계를 탈피한 차원 속에서 구축될 필요가 있다. 다시 말해서 멘토링은 멘토가 일방적으로 베풀고 지도하는 활동이 아니라 멘토도 멘티에게 자극받고 고무되며, 창발적 영향력을 상호전달하는 관계 속에서 이루어져야 할 것이다. 여기에서 여성 경험에 대한 공감과 감성적 유대를 기반으로 한 멘토링은 여성들의 관계맺기와 여성 리더십에 큰 힘을 부여해줄 수 있을 것이다.

여성의 경험을 이해하는 여성 멘토를 구하기도 어려운 현실 속에서 정부부처나 지방 자치단체 그리고 여성단체를 중심으로 멘토와 멘티의 매칭 서비스를 제공하고 멘토링의 정보 및 온라인 활동 공간을 제공하는 시도들도 이어지고 있다. 이것은 멘토링을 중심으로 한 여성들 간의 네트워크 구성에 고무적인 영향을 주는 것으로 젠더 감수성에 기반한 멘토와 멘티 간의 상호작용을 이루어낸다. 여성부 위민넷의 사이버 멘토링 활동 등 여성 간의 멘토링을 사이버 공간에서 제도화하는 시도들도 점차 확산되어가는 추세이며, 여성들은 사이버 상에서도 서로에게 조언과 자극을 주며 자신을 돌아보는 기회들을 갖는다. 이러한 시도들은 고립되어 있는 여성들에게 적절한 정보를 제공하고 여성들 간의 사회적인 연결망에 대한 신뢰를 구축할 수 있게 하는 계기로 작용한다. 멘토링을 중심으로 한 이러한 네트워크의 형성과 참여는 조직 내외의 문화적 변화를 가져오고, 탈권위적 조화와 협력을 바탕으로 하는 여성주의 리더십의 중요한 문화적 기반이 될 것이며, 이것은 궁극적으로 여성에 국한된 리더십이 아닌 양성평등을 지향하는 리더십 발전에 토대가 될 것이다.

5. 맺는 글 : 여성주의적 관계맺기 문화를 통한 사회자본의 창출

여성주의적 리더십은 전통적, 가부장적 리더십에 대한 대안적 가치를 갖는다. 억압적 인권과 불평등으로부터의 해방을 지향하고, 여성의 차별적 상황에 대한 문제제기와 함께 새로운 비전을 실천하고자 하기 때문이다. 여성주의적 가치는 희생과 배려의 강요 속에서 배제되거나 주변화되어왔던 여성의 역사적 경험 속에서 출발하기 때문에 소수자의 관심을 배려하고 구성원 사이의 협력과 연결을 추구한다. 그러나 무엇보다 중요한 것은 여성주의적 지향성에 대한 함의라 할 수 있다. 여성주의 리더십은 이러한 여성주의적 가치에 입각하여 사회 제반 영역에서 실행되는 사회적 상호작용에서 창출되는 영향력으로 표현된다.

탁월한 능력을 가진 여성 리더들이 양적으로 확장되고, 이들이 다양한 사회영역 내 권한과 결정권을 행사할 수 있는 지위에서 활동하는 것은 여성의 영향력을 확대하고 여성 리더십을 발전시키는 데 있어 매우 중요하다. 그러나 이러한 여성 리더들이 평등하고 민주적인 사회를 지향하는 가치인식이 없다면, 그리고 남성과의 경쟁에서 치열한 노력을 통해 개인적인 성공을 이루어내는 것만이 남녀평등의 실현이라고 이해한다면 이들이 행사하는 여성 리더십은 오히려 반여성적일 수 있다. 사회적 불평등을 야기하는 구조와 문제에 대한 정확한 인식의 부재는 바꾸고 변화시켜야 할 대상과, 획득하고 이루어내야 하는 변화 내용에 대한 오류를 가져오기 때문이다.

그러므로 여성 리더십 확산에서 무엇보다 중요한 것은 성공적 모델이 되고 있는 일련의 여성 리더들에 대한 분석과 학습, 또는 여성 리더십의 효율적 수행과 실천을 위한 다양한 방법과 테크닉의 훈련들이 아니다. 보다 더 우선되어야 할 것은 평등과 공존 그리고 평화의 가치를 소수 엘리트가 아닌 사회 전반에서 실현해내고자 하는 여성주의적 가치지향에 대한 이해와 인식이다. 다시 말해서 사회와 조직의 남성적 가부장적 규범과 문화에 문제제기하고 이에 억압되어 있는 여성이나 약자가 더 이상 희생되지 않도록 새로운 기제를 만들어가는 데 적극적인 행동을 할 수 있는 의식과 지향점의 공유가 중요하다. 이러한 인식이 리더십의 철학적 기반으로 작동할 때 학습되고 훈련된 여타 소양들이 비로소 진정한 여성 리더십 실천에 의미 있는 기여를 할 수 있는 것이다. 여성 리더 또한 이런 인식을 통해서만 자신은 물론 자신이 발 딛고 있는 조직과 공동체의 변화를 주도해갈 수 있으며, 그들의 성공이 개인적 의미뿐만 아니라 사회적 의미를 획득하게 된다.

여성주의 리더십에서 중요한 것은 여성주의 가치에 대한 개인적 내면화와 사회적 공유이며, 그 실천 토대와 동력으로 작용하는 역동적 연결망의 기제이다. 살펴보았듯이 이러한 연결망은 역사적 과정 속에서 변화하고 구성되어가는 것이며, 그 안의 작동기제는 여성주의적 관심을 중심으로 한 구성원 간의 상호작용을 통한 개방적이면서 공존적인 소통과 관계맺기라 할 수 있다. 이러한 여성주의적 소통과 관계맺기의 경험은 사회적 연결망을 유지 공유해가는 또 다른 문화적 원천으로 동기화된다. 이것은 결국 현 사회의 제반 권력질서가 여성억압적이라 보고 이러한 가부장적 질서와 체제에 대한 대안으로서 남녀평등사회를 추구하는 지향성 속에 중심축을 두고 있는 여성주의 입장을 강조하게 한다. 또한 여성주의적 비전이 존중하는 평화와 다양성, 생명과 상생, 포용성 등의 대안적 가치(조형, 2004)의 내용성을 강화시키는 여성주의 가치의 확장과 맞물려진다. 더불어 기존의 남성중심적 리더십을 전환하고, 이를 통해 평등한 사회문화의 변화를 추동하는 여성주의 리더십에 현실적인 생명력을 갖게 한다.

| 참고 문헌 |

김남선 · 원용숙 (2002),「지역사회민간단체의 리더십 활성화를 통한 사회자본 극대화 방안」,『지역사회개발학술지』 제12집 No.2, 69~109.

김은실 · 한경희 (2003),「사회자본과 여성의 연계망」,『근대적 시공간의 변화와 여성의 일』, 이화여대 미래여성학연구회 발표논문집, 5~23.

김승현 (2004),「여성직장인의 조직 내 정체성 형성 과정에 관한 연구: 중소기업 직장인의 경험을 중심으로」, 이화여대 여성학과 석사학위논문.

김종미 (2004),「중산층 주부의 여성주의 정치학과 사회자본 창출에 관한 연구: 서울 소재 M 여성단체 D 지회 사례를 중심으로」, 이화여대 여성학과 대학원 박사학위논문.

김효정 (1997),「사회운동 참여의 동학: 의식화 과정과 사회연결망적 기초에 관하여」, 한국사회학회,『97년 전기 사회학대회 자료집』, 37~42.

문홍빈 (2000),「임파워먼트를 위한 지역사회 조직 사례연구: 광명YMCA 생활협동운동을 중심으로」,『도시연구』 제6호, 131~147.

박성쾌 (2004),「사회자본 패러다임과 사회 · 감성재화에 관한 소고」,『수산해양교육연구』 16(2), 199~209.

박숙미 (2002),「신뢰구조의 동학과 사회자본의 형성: 위험생산-회피구조의 발생론적 접근에 기반하여」, 이화여대 박사학위논문.

변화순 (1997),「남성의 사회적 연결망」, 여성한국사회연구회 편,『남성과 한국사회』, 사회문화 연구소, 217~242.

유석춘 외 (2003),『사회자본: 이론과 쟁점』, 그린.

이은아 (1999),「기업 내 남성 네트워크와 여성 배제에 관한 연구」, 이화여대 여성학과 석사학위논문.

이주희 (2004),『유리천장 깨뜨리기』, 한울.

장덕진 · 황정미 (2003),「여성의 사회적 자본: 기업조직 내 연결망 분석 사례를 중심으로」,『경제와 사회』 통권 제59호, 130~160.

조형 (2004),「비공식에서 공식으로: 여성운동과 공공영역」,『달나라를 꿈꿉니다. UFO를 기다리며』, 또하나의 문화 20주년 기념행사 자료집. 6~16.

『서울신문』, 「2005 재계 인맥, 혼맥 대탐구: 애경그룹 장영신 회장가」, 2005.11.21, 14면.

Bourdieu, P. (1983), Ökonomisches Kapital, kulturelles Kapital, soziales Kapital, in: *Soziale Welt*, Sonderband 2, 183~198.

Burt, R.S. (1992), *Structure Holes: The Social Structure of Competition*, Cambridge: Harvard University Press.

Coleman J. (1988), Social Capital in the creation of human capital, *American Journal of sociology* 94, 95~120.

Granovetter, M. (1973), The Strength of weak ties, *American Journal of Sociology* 6, 1360~1380.

Olson, M. (1965), *The logic of collective action: public goods and the theory of groups*, Cambridge: Harbard University Press.

Putnam, R.D. (1993), *Making democracy Work: Civic Traditions in Modern Italy*, Princeton: Princeton University Press.

여성주의 리더십, 사회자본, 여성주의적 네트워크

조 형*

1. 들어가며

'여성주의 리더십'이라는 개념이 국내에 처음 소개된 것은 2004년의 일이다.[1] 여성학자들 중에는 이 개념에 대해 강한 거부감을 표현하는 이들이 있다. 리더라면 남자를, 리더십이라면 남성 카리스마적 리더십을 떠올린다면 리더십과 여성주의의 결합에 대해 불편하게 느끼게 되는 것은 당연하다. 가부장적 역사 속에서 리더의 지위나 리더십은 사실상 남성들에 의해 독점되고 우리들 모두가 이를 자연스러운 일이라고 받아들이도록 훈육되었기 때문이다. 여성학적 상상력은 가부장적 사고와 관행에 관한 모든 것에 대해 의문을 제기하는 것으로부터 비롯된다. 특히 남성들이 독점해온 모든 것에 대해 의문을 제기한다. 사회

* 이화여대 사회학과 교수.

1) 이화리더십개발원 개원 1주년 기념 학술대회, 〈여성적 가치와 여성 리더십〉 2003. 9. 17.

적으로 리더 위치에 오르게 되는 여성들이 증가하고 또한 감성이나 배려와 같은 소위 여성성이 효과적인 리더십 요인으로 자리 잡게 된 오늘날은 기존 리더, 리더십 개념에 서서히 변화가 일어나고 있다. 여기에서 여성주의적 관심은 리더의 지위나 리더십을 여성들이 남성과 동등하게 나누어 갖는 수준이 아니라, 여성주의적 관점에서 리더십에 대한 적극적인 개념화와 이론화가 요구된다.

여성주의 리더십의 이론화는 아직 초보적 단계로서 추상적 개념화 수준을 넘어서지 못하고 있는 실정이다. 앞으로 보다 현실적인 함의를 지니는 이론적 구체화가 필요하며, 이 책은 바로 이 점에 주목하고 있다. 이 글에서는 리더십의 여성주의적 재구성에 따라, 이와 직결되는 리더의 사회자본 및 네트워크에 대해 고찰하고자 한다.

사회자본과 사회적 네트워크는 지난 20여 년 동안 사회과학계에서 각광을 받은 몇몇 개념들에 속한다. 사회학, 정치학, 경제학, 심리학, 교육학 등 다양한 분야에서 활발한 개념화와 이론화가 이루어지고 있으며, 그 단계는 아직은 '청년기'에 있다. 사회자본 개념은 사회분석의 초점을 개별 행위자로부터 관계유형으로 옮김으로써 미시적, 중범위, 거시적 분석 수준을 연결하고 여러 학문 분야에서 혹은 다학문적, 간학문적 적용을 가능하게 한다는 점에서 학계의 기대를 모으고 있는 것이다.

우리에게 흥미로운 사실은 사회자본 논의를 촉발한 부르디외(Bourdieu, 1986), 콜먼(Coleman, 1988), 퍼트남(Putnam, 1993) 등의 논의가 한창 여성학적 연구가 활성화되던 시기에 이루어졌음에도 불구하고 전부 '젠더에 대해 묘하게도 성맹적(a curious blinded-ness to gender)'이었다는 것이다(Field, Schuller & Baron, 2000 : 248).[2)]

그런데 더욱 놀랄 일은, 여성학자들도 사회자본 논의가 활발하게 전개된 지 10년이 넘도록 '이상하게도 침묵(a curious silence)'을 지켜오다가 2000년대에 들어선 이후에나 그것을 깨기 시작했다는 점이다(Grindengil & O'Neil, 2006). 아직도 사회자본, 네트워크(또는 연결망), 네트워킹에 관한 국내외의 여성학적 조명은 초기 단계에 있다.[3] 사회자본 및 네트워크를 여성주의 리더십과 접목시키는 이 책에서의 시도는 세계적으로도 초유일 것이다.

이 글에서는 여성주의 리더십에 대한 이론화를 시도하는 데에서, 왜 우리는 사회자본에 주목하는가? 여성주의 리더십과 사회자본은 어떻게 접목이 가능한가?를 중심으로 토론하고자 한다. 이를 위해 먼저, 젠더 관점에서 사회자본에 관한 논의들을 검토하고, 다음으로 여성주의 리더십과 사회자본이 결합되는 여건에 대해 고찰하고자 한다.

2. 사회자본과 젠더

사회자본은, 개인이 소유한 물적 자본 혹은 인적 자본과는 달리 사회적 관계에 기초하는 자본으로, 네트워크나 사회집단 (혹은 사회적

2) 콜먼, 퍼트남, 후쿠야마 등의 논의에서 젠더는 아버지나 어머니처럼 젠더가 분명하게 표현되는 가정, 가족에 관한 언급에서만 가시화된다는 점에서 사회자본 이론이 "분명히, 강하게 젠더화"되어 있다는 지적도 있다(Kovalainen, 2005).

3) 사회자본과 사회적 연결망에 관한 국내 연구는 1990년대 말부터 사회학계를 중심으로 확산되었다. 이재혁(1998), 이재열(1998), 박찬웅(1999), 김왕배, 이경용(2002), 유석춘 외(2003), 장덕진, 황정미(2003), 최종렬(2004)의 연구 등이 있다. 이들 연구는 흔히 사회적 신뢰 혹은 호혜성 등과 연계되어 논의되고 있으며, 이는 한국사회 특징을 저신뢰체계로 규정한 후쿠야마(1995)의 영향과 무관하지 않다. 이들 중 여성의 사회자본을 주제로 한 연구는 1편, 젠더를 언급한 논문은 2편 정도에 불과하다.

관계와 구조) 안에 내재되어 있는 자본이다. 사회자본이 학계의 관심을 모으는 가장 중요한 이유는, 그것이 민주주의, 시민운동, 제3세계 경제발전, 개인들의 취업, 승진, 학업 성취 등등 다양한 거시현상과 미시현상들에 대해 기존의 물적 자본과 인적 자본만으로 설명되지 않는 부분을 채워줄 수 있다는 점이다. 여성학자들은 사회자본 논의가 활성화되는 과정에서 가부장적 요소, 좀더 일반적으로는 사회적 권력의 문제를 간과한 점을 비판하면서도(Molyneux, 2002 ; Lowndes, 2006) 사회자본 논의 자체를 거부하기보다는 젠더 분석을 통한 이론적 정교화를 촉구해왔다.[4)]

기존 논의에서 사회자본 개념과 이론화의 방향은 크게 두 갈래로 나뉜다. 하나는, 행위자가 어떤 목적을 달성하기 위해 그가 속한 특정 네트워크와 사회적 관계를 통해 동원 가능한, 다시 말해서 네트워크에 속한 집단 혹은 개별 구성원들로부터 끌어낼 수 있는 구체적인 개인적, 사회적 자원을 사회자본이라고 정의한다. 개인이나 집단은 상호작용이나 네트워킹을 통해 사회자본에 접근하고 활용할 수 있게 된다. 물적 자본, 인적 자본과 마찬가지로 사회자본도 투자를 통해 개인 또는 집단적 행위자들에게 어떤 성과를 가져다준다. 사회적 연계를 통한 정보, 영향력, 사회적 인증, 정체성과 인정의 강화 등을 통해 성과를 촉진하는 것이다(Lin, 2001). 부르디외나 콜먼, 린의 사회자본이 여기에 속한다.

다른 하나는 퍼트남처럼, 행위자 개인 혹은 집단의 이익보다는 민

4) 최근 여성 정치학자들은 "사회자본의 구조에서 젠더를 간과하는 일은 현명하지 못한 처사"이며 "사회자본과 정치에 관한 '젠더 중립적' 이야기는 필연적으로 결함을 갖게 될 소지가 높다"(Sapiro, 2006:152)고 하면서 사회자본의 젠더 분석을 강조하는 목소리를 내고 있다(Brenda O'Neil & Elisabeth Grindengil, 2006 참조).

주주의, 경제, 사회구성원들의 건강이나 행복의 수준을 좌우하는 공공재로서의 사회적 연결망과 신뢰와 규범을 뜻한다. 그의 핵심적인 아이디어는 공식, 비공식적 사회성(sociability) 네트워크가 공동의 문제를 효과적으로 해결하도록 호혜적 관계를 촉진한다는 데에 있다. 정치학자로서 그는 사회자본의 제일 가치를 시민의 정치적 개입이라는 또 다른 자산을 생산하는 데에서 찾으면서, 정부의 발전 수준은 지역사회의 '시민성(civic-ness)', 즉 사회적 신뢰, 자발적 조직, 신문구독 등에 의해 예측될 수 있다고 한다. 이러한 퍼트남 식의 접근에 대해 여성 정치학자들은 성별에 따른 참여 조직과 조직 내 역할의 차이, 사회자본 혜택에서의 차이 등을 간과하고 있는 점을 비판한다(O'Neil & Gridengil, 2006).

전자는 개인이나 집단이 형성하는 구체적인 네트워크를 중심으로 형성되는 사회자본에 초점을 맞추는 '미시적 접근', 후자는 전체 사회의 사회적 네트워크 성격에 초점을 맞추는 '거시적 접근'이라고 할 수 있다. 이 두 접근방식은 양방향에서 진행되어 상호 접점을 찾게 되지만, 처음부터 융합하기는 어려운 측면이 있다. 후술하겠지만, 여성주의 리더십과 사회자본과의 관련성을 논하는 데는 이 두 가지 접근이 모두 유의미하게 적용될 수가 있다.

젠더 관점에서 가장 관심을 모은 주제는 젠더가 사회자본의 형성, 축적, 활용에 어떤 영향을 주는가, 또한 역으로 사회자본이 젠더 평등화에 어떤 역할을 할 수 있는가이다. 다시 말해서 여성과 남성이 접근 가능한 사회자본에는 어떤 차이가 있으며, 그것의 사용방식에는 어떤 차이가 있는가, 결과적으로 사회자본에 대한 젠더 분석은 어떤 의미를 갖는가에 관심을 두는 것이다. 여기에서는 사회자본의 젠더 간 불평등의 존재와 효과, 그리고 그 의미에 대해 간단히 핵심만을 살펴보기로 한다.

먼저, 여성과 남성이 확보할 수 있는 사회자본에서 어떤 차이가 나는가의 문제이다. 개인이나 집단이 접근 가능한 사회자본의 크기는 일차적으로 그들이 유지하는 사회적 네트워크의 규모와 성격에 달려 있다. 장덕진과 황정미(2003)는 한국 여성에게 사회자본은 '희소 자원'이라고 칭할 만큼 남성과 여성들 간에 사회적 네트워크 규모에서 차이가 있으며, 그 이유는 일차적으로 네트워크 형성에서 여성들이 배제되기 때문이라고 해석한다.

기존 사회자본 이론들은 젠더 간 불평등에 대해 특별한 관심을 보이지는 않았지만 사회구성원들 간 사회자본의 불평등 분배를 중요시한다. 대표적으로 부르디외는 문화자본을 통해 계급관계를 설명하면서 사회자본의 중요성을 강조하고 사회자본, 경제자본, 문화자본 간의 상호 변환 가능성과 결과적으로 불평등을 심화시키는 효과에 주목했다. 공식적으로는 누구에게나 네트워크 형성이 가능하고 따라서 사회자본에 접근하는 기회가 열려 있다고 하지만 실제로는 사회자본의 불평등 분배는 불가피한 것이 현실이다. 린(Lin, 2001)은 그 이유를 위계적 조직에서 권위나 규칙에 따라 구성원이 접근가능한 사회자본이 다르며, 또한 사람들이 통상적으로 유유상종(類類相從) 원칙(the principle of homophily)에 따라 네트워킹을 하기 때문이라고 일반화시켜 설명한다. 다시 말해서, 사회적 네트워크는 계층적 지위, 부의 수준, 문화적 취향이 유사한 더 큰 사회적 범주 내부에서 형성되며, 범주 밖 외부인들에게는 폐쇄된다는 것이다. 이는 기존의 사회적 수혜 집단의 사회자본이 가장 풍부해지고 사회자본이 가난한 집단과의 경제적 혹은 정치적 불평등이 강화되는, 사회적으로 바람직하지 못한 결과가 초래될 수 있다고 의도하지 않은 결과를 우려하기도 한다(Putnam, 2002).[5)]

사회활동을 하는 여성들이 남성에 비해 사회자본에 대한 접근 기회가 취약하다는 사실은 부분적으로는 이와 같은 사회적 네트워크 형성에서의 폐쇄와 배제의 보편적 경향으로 해명될 수 있을 것이다. 계층적 지위나 기타 요인에 따른 여성들 간의 차이와 남성들 간의 차이를 일단 차치하면, 여성을 배제하는 남성 중심적 조직문화와 끼리끼리의 유유상종 식 네트워킹 관행으로 인하여 여성의 네트워킹이 제한되고 사회자본 규모도 왜소해질 수밖에 없다는 논리가 성립한다.

그러나 여성과 남성을 수평적인 차이의 범주로 인식하면서 여성들의 네트워크와 사회자본 규모의 취약성을 설명하는 것, 다시 말해서 가부장적 사회구조와 권력관계의 동학이 간과된 설명은 다만 부분적으로만 유효할 뿐이다. 어떤 사회집단이 폐쇄적이고 다른 집단을 배제할 수 있는 것은 그 집단이 지배적 위치에 있을 때 가능하다. 가부장적 사회의 특성은 모든 중요한 사회적 자원을 독점하는 남성 집단이 여성들을 배제하는 위치에 있다는 점이다. 여성들을 네트워킹에서 배제하고 중요한 자원에 대한 접근 기회를 차단하는 것은 남성들이 젠더 권력을 기초로 하여 주요 사회자본의 독과점을 유지하는 기제인 것이다.

여기에서 주목할 것은 사회자본 규모에서 네트워크 규모는 하나의 지표일 뿐이라는 점이다. 다시 말해서, 비슷한 규모의 네트워크를 가진 경우에도 그 구성원들이 그로부터 끌어낼 수 있는 가용 사회자본에 차

5) 사회자본 논의들이 흔히 사회자본의 긍정적 효과를 상정하지만 때로는 이처럼 부정적 효과도 가져오며, 불법, 비리, 범죄 등의 목적으로 사용되거나 혹은 원초적, 사회적으로 파괴적인 목적을 가진 네트워크로부터 발생하는 반사회적 자본(antisocial capital)(Streeten, 2002)의 경우도 사회자본의 부정적 측면으로 지적된다.

이가 있을 수 있다. 예를 들면, 동일한 가족 네트워크라도 남편과 부인, 아들과 딸에 대해 부여하는 혜택이 다른 경우가 흔하고, 동창회나 직장 내 클럽에서 여성과 남성 구성원들이 접근 가능한 사회자본은 동일하지 않을 수 있다. 이런 경우, 유효한 사회자본에 대한 접근 기회가 차단되거나 차별을 받는 쪽은 남성보다는 여성이다.

또한, 이웃이나 친지와의 관계를 포함해서 남성과 여성들 개개인의 네트워크 규모를 비교한다면 성별 차이가 유의미하지 않을 수 있다. 문제는 남성들의 네트워크와 여성들의 네트워크가 각각 담지하는 사회자본의 가치 및 성격에 차이가 있을 수 있다는 데에 있다. 이를테면, 상품시장이나 노동시장에서의 성취에 개입하는 사회자본은 남성들의 네트워크에서 접근이 용이한 반면, 자녀 교육이나 가정생활에 관련된 사회자본은 여성들의 네트워크에서 접근이 용이하다. 통상적으로 사적 영역에서 유용한 사회자본에 비해 공적 영역에서 영향력을 발휘하는 사회자본에 대해 더 높은 가치가 부여된다는 점은, 여성들의 사회자본이 상대적으로 취약할 수밖에 없는 또 다른 이유가 된다.

가부장적 문화 안에서 사회활동을 하는 여성들에게는 이중으로 사회자본 축적의 기회가 제한된다. 직장에서 요구되는 사회자본은 남성 중심적 네트워크로부터의 배제로 인해서, 그리고 자녀와 가정에서 요구되는 사회자본은 이웃과 지역사회 내에서 네트워킹 시간과 에너지 부족으로 인해서 사회자본을 형성하고 확대할 수 있는 기회가 상대적으로 제한되기 때문이다. 직장에서 여성들은 네트워크의 중요성은 인식하나 실제로 그 관리나 투자에 미흡한 것을 고백한다(양민석, 이 책). 자발적인 이유보다는 노하우와 시간과 자본과 에너지에서의 제약, 그것도 성별분업과 여성의 가사와 육아 책임 등과 같은 가부장적 규범과 관행에서 이유를 발견할 수 있을 것이다.

이와 같은 젠더 분석은 사회자본 규모와 특성에서의 성별 차이가 궁극적으로 가부장적 사회구조, 즉 성별 분업과 권력불평등 구조에 근거하고 있음을 보여준다. 여성들이 접근 가능한 사회자본의 상대적 취약성은 제도적이거나 가시적인 차별에 의해서가 아니라, 자본주의적 경쟁의 장에서의 네트워킹에서 남성들에 의한 직접적인 배제, 네트워크에서 사회자본을 끌어낼 수 있는 기회구조에서의 성차별, 여성들의 네트워크에 기초한 사회자본이 지닌 가치의 상대적 평가절하 등과 같은 은밀한 기제를 통해 발생하는 것이다.

다음으로, 사회자본 활용방식에는 젠더 간에 어떤 차이가 있는가? 정확한 연구 자료를 확보하기는 어렵지만, 여성들은 사회자본 활용에서 신뢰, 상호성, 배려, 책임성 등의 가치를 중요시하는 경향을 보이는 것으로 나타났다.[6] 또한 국내 연구들도 남성들이 때로는 비도덕적 방식을 구사하면서 구성원들의 이익을 배타적으로 확보하는 반면, 여성들은 조직 내에서 유리한 사회자본을 가진 경우에도 자신의 성과를 위해 사용하기를 주저하며 개인적 문제는 개인적 차원에서 해결하지, 공유와 연대를 통한 해결은 흔치 않다는 점에서 도덕적 의식이 남성에 비해 상대적으로 높다고 할 수 있다(양민석, 이 책). 산업 분야만 아니라 시민사회를 포함한 다양한 '시장' 혹은 부르디외 식의 장(field)들에서 여성들의 사회자본 형성, 관리 방식과 투자형태에서 남성과의 차이점들에 관해서는 앞으로도 더 많은 경험적 연구를 통해 확인할 필요가 있다.

사회자본에 대한 젠더 분석은 이처럼 미시적 접근에 치중된 측면

6) 예를 들면 Laowndes(2006)는 여성들이 비공식적 연결망을 통한 신뢰와 상호성에 기초하여 기존 남성들과는 다른 방식으로, 다른 형태의 지역정치를 지지한다는 점을 지적한다.

이 있다. 거시적 사회자본에 관련된 젠더 논의는 아직 정교화되지 못하고 있다. 퍼트남이나 후쿠야마 식의 거시적 차원의 사회자본에 대한 젠더 분석은 누가 어떤 사회자본을 얼마나 활용할 수 있는가라는 미시적 접근으로 전환되곤 하기 때문이다. 다만, 1970년대 중반 이후 미국사회의 사회자본 감소 경향에 대한 퍼트남의 설명에 나타난 젠더적 요소는 지적할 만하다. 그동안 사회자본의 창조와 유지에서 여성들이 중요한 역할을 하였으나 여성들의 임노동 증가 등 사회진출이 활발해지면서 전반적으로 자발적 조직 참여가 감소되었고, 다른 한편 대규모 조직 참여 기회는 커졌다고 하지만 그 기회를 잡는 데 필요한 시간이 부족하므로 전반적인 사회자본의 약화가 일어나고 있다는 설명이다. 이러한 설명은 그 진위 여부를 떠나 여성학자들에게 젠더적 발상과 편견으로부터 나온 해석이라는 비판을 받고 있다(Grindelgil & O'Neil, 2006).

거시적 사회자본에 대한 젠더 관점에서의 분석이 활발하지 못한 것은 어쩌면 젠더 분석 자체의 한계일 수 있다. 아래 절에서 시도하는 사회자본과 네트워크에 대한 여성주의적 분석에서는 사회자본에 대한 미시적 접근과 거시적 접근의 만남이 불가피하고, 그와 함께 젠더 분석의 이러한 한계를 넘어서는 돌파구를 마련하는 시도를 하고자 한다.

3. 여성주의 리더십과 사회자본

여성의 사회자본에 관한 기존 연구들은 업무상의 문제 해결, 실적 올리기, 인정받기, 경력관리, 승진 등 경쟁적 상황에서 개인적인 성취 내지 성공과 연관되어 있다. 다시 말해서, 사회자본의 도구적 혹은 기능적 측면이 우선적으로 고려되고 있다. 물론 여성들이 커리어 측면에서 성공을 통해 자신들의 직장이나 분야에서 리더가 되는 것도 중요하다. 그러나 여성의 사회자본과 그에 관한 연구의 목적이 개별 여성들의 성취에만 집중되어서는 젠더 평등화라는 목표에 부분적으로밖에 접근할 수가 없다. 여성들의 경쟁 상대를 조직 내의 남성으로만 한정시킬 경우에는 사회적 남성 지배현상이 궁극적인 과녁임을 잊게 되기 때문이다. 또한, 다수의 성공적인 여성 리더가 탄생하여 남성과 어깨를 나란히 하는 것이 중요하나, 그들이 여성주의적 목표를 실천하는 리더가 되는가는 또 다른 문제이므로 여성주의 관점에서 특별히 주목할 문제거리가 되기도 한다. 우리 사회에서도 성공한 여성들 가운데 남성들과의 경쟁에서는 성공하지만 그들 자신이 남성화되고 다른 여성을 비하하는 극단적인 사례가 적지 않게 일어난다. 젠더 평등화에 방해가 되는 이러한 반여성적 여성 리더들의 사회적 네트워크나 사회자본 또한 반여성적 성격을 띨 소지가 높다. 이러한 현실에서 여성주의적 시각으로 여성 리더와 그들의 사회자본에 접근하는 것은 매우 중요하고 필요한 일이다.

앞서 언급한 대로 리더십에 관한 여성주의적 접근은 막 시작되었고, 여성주의 리더십과 사회자본의 관계에 관한 연구는 이제부터 시작이다. 여성주의 리더십은 여성 리더십과 개념적으로 전혀 다른 것이다.[7)] 요약하자면, 여성주의 리더는 평화, 상생, 평등과 같은 여성주의 가치를 실천하면서 자신이 속한 조직과 사회의 변화를 추구하는 리더이

7) 둘 간의 차이점을 약술하자면, 여성 리더십은 남성이 아닌 여성 리더가 지니는 리더십, 여성주의 리더십은 주체의 성별이 아닌 리더의 가치와 비전, 목표와 리더십 구현방식에서 여성주의적인 리더십을 각각 의미한다(조형, 2005 : 9~10 ; 김양희, 2006 : 43~48).

며, 그의 리더십을 여성주의 리더십이라 할 수 있다. 여성주의 리더십은 정의상 리더의 성별과는 무관하며, 리더십에 대한 여성주의 시각은 남성을 포함한 모든 리더가 여성주의 리더십을 발휘할 것을 기대한다.

그렇다면, 여성주의 리더에게 사회자본은 어떤 의미를 지니며, 그의 목적에 부합하는 사회자본의 특성은 어떤 것일까? 여성주의 리더는 어떻게 그러한 사회자본을 축적할 수 있는가? 그것은 과연 유용하고 효과적일 수 있을 것인가? 여성주의 리더십과 사회자본의 관계를 이해하기 위해서는 사회자본에 대한 미시적 접근과 거시적 접근이 모두 중요한 의미를 지닌다. 위의 물음을 검토하면서 여성주의 리더십과 사회자본 간의 결합 조건들을 살펴보기로 한다.

먼저, 여성주의 리더에게 사회자본은 어떤 의미를 지니는가? 어떤 리더에게도 최적의 사회자본이 요구된다. 조직 안이나 밖에서 리더십을 발휘할 수 있기 위해서는 리더를 지지하는 구체적인 네트워크와 그로부터 발생되는 사회자본이 필요해진다. 미시적 차원의 사회자본은 리더에게 구체적인 자원을 제공한다.

이 때 여성주의 리더는 여성주의 가치의 구현을 촉진하는 사회자본을 확보해야 하며, 그것은 여성주의적 네트워크에서 창출된다.

그러면 여성주의적 사회자본과 네트워크는 어떤 특성을 지니는가?

여성주의 리더십에서는 사회자본과 네트워크의 양적 측면보다는 질적 성격, 즉 사회자본이 내재되어 있는 네트워크의 크기보다는 가치지향, 내부 구조(수직/수평적 구조), 내적 역동성과 결속력, 개방성과 외연 등, 네트워크의 구조적이고 질적인 측면에 주목하는 것이 중요하다.

여성주의 리더십을 지원하는 사회자본과 그것이 담지되는 네트워크가 갖춰야 할 속성을 정리하자면 아래와 같다.

첫째로, 구성원이 여성주의 가치를 공유하는 네트워크일 것이 요구된다. 네트워크 구성원들은 이러한 평화, 평등, 상생의 가치를 확인하고 공유하는 작업과 활동을 하는 데에 시간과 에너지를 투여해야 한다. 다른 어떤 자원보다 상호 신뢰와 공유 가치가 사회자본의 가장 중요한 원천이기 때문이다.

둘째로, 리더를 포함한 네트워크 구성원들 각자는 역동적 주체로서 상호 평등한 파트너십 관계의 수평적 조직구조를 유지한다.

셋째로, 네트워크 구성원들은 의사결정과 행동, 실천에서 여성주의 가치를 우선시하고 민주적, 포용적 태도로 임한다. 여성주의적 네트워크 구성원들은, 민주적인 대화를 통한 의사결정과, 상호 신뢰와 호혜성에 근거한 협력을 생활화하는 노력을 일상화해야 한다.

넷째로, 사회자본을 동원할 때에는 개인들의 이기적 욕구나 욕망보다는 공동의 목적과 이익을 우선적으로 고려하며, 봉착한 문제들을 이기적이고 배타적이지 않은 방식으로 해결한다.

사회자본에 대한 미시적 접근에 의하면 이상과 같은 특성을 지닌 네트워크가 형성될 때 여성주의 리더들에게 구체적으로 유용한 사회자본이 축적될 수가 있다. 그런데 이러한 여성주의적 네트워크의 형성과 사회자본 축적은 그 사회 안에서 형성된 거시적인 네트워크와 사회자본이 여성주의 가치를 지지할 때 용이해진다. 실제 사회에 존재하는 네트워크들이 여성주의적 가치를 공유할 경우 여성주의 리더십은 거시적 사회자본의 토대로부터 지지를 받게 되기 때문이다. 그러나 현실세계에서 사회자본은 여성주의 리더십에 친화적이라고 보기는 어렵다. 이는 여성주의 리더십이 봉착하는 구조적 딜레마이다.

가부장적 권위주의 사회는 여성주의적 네트워크나 사회자본이 자연발생적으로 형성되는 것을 기대하기 어려운 조건들의 집합이다. 그런 사회에서 유효한 사회자본은 반여성주의적 성격을 띠게 마련이며, 기존의 거시적 사회자본의 가부장적 성격이 여성주의적 네트워크 형성이나 사회자본의 성격 전환에 제동을 거는 걸림돌이 되는 것이다. 네트워크 내부와 외부의 가부장제적 분위기는 위계적 구조, 조직적 폐쇄성, 내부 구성원 개인들이나 집단만의 성공/발전 지향성에 더 친화적일 수 있기 때문이다.

이러한 문화풍토에서 여성주의적 네트워크 형성이 가능할 것인지, 설혹 여성주의적 네트워크가 형성된다고 하더라도 그것이 과연 사회자본 축적의 효력을 가질 수 있을지, 그런 사회자본은 실제적인 영향력이 있을지에 의문이 생길 수밖에 없다. 결국, 조직문화와 사회를 여성주의적으로 변환시키려는 여성주의 리더들에게 미시적, 거시적 사회자본의 여성주의화가 실천적 과제로 부과된다.

여기에서 우리는 몇 가지 실천적 딜레마를 발견할 수 있다. 우선, 여성주의 리더십과 여성주의적 네트워크 및 사회자본 간의 쌍방향적, 순환적 관계이다. 여성주의 리더십을 강화하고 사회변화에 기여할 수 있기 위해서는 여성주의적 네트워크에 기초한 사회자본이 요구되고 그러한 네트워크와 사회자본을 형성하기 위해서는 또 다시 여성주의 리더십이 요구되는 것이다. 여성주의 리더들에게 막대한 부담이 안겨지는 대목이다. 더욱이 모든 직장이나 네트워크가 사회운동 내지 여성운동의 장이 되기는 어렵다는 현실적인 한계가 걸림돌이 될 수 있다. 냉혹한 자본주의와 강력한 가부장적 문화를 지닌 조직 내에서 여성주의 리더십은 저항에 부딪치기 마련이다. 여성주의 리더의 생존 자체가 위태로워질 수 있다. 설혹 여성주의적 네트워크나 사회자본이 형성된다 하더라도 그 효용성에 한계가 뚜렷하다. 이러한 상황에서 네트워크의 성격 변환이나 새로운 사회자본의 형성 가능성은 희박해진다.

결국, 여성주의 리더십에 적합한 사회네트워크와 사회자본의 형성을 위해서는 거시적 사회환경의 변화, 사회와 조직의 가부장성 탈피, 여성주의 문화의 보편화가 병행되어야 한다.[8)] 가부장제 사회에서 이는 개별적인 노력을 넘어서, 여성주의 네트워크와 사회자본의 형성을 위한 또 하나의 사회운동을 요하는 일이다. 그렇다면 이 운동은 어디에서 어떻게 시작될 수 있을 것인가?

이론적으로, 형성, 축적, 관리의 대상인 사회자본과 네트워크는 변화의 가능성 또한 열려 있다. 가부장적 사회 안에서도 지배적 권력이 아닌 상생적 권력(power-with power)을 기반으로 신뢰와 이에 기반한 협동이 가능한 여성주의적 네트워크 형성이 전혀 불가능한 것은 아니다. 특히 위험사회에 대한 인식을 배경으로 시민적 공동체와 돌봄윤리에 대한 관심이 대두되는 현 시점에서는 반가부장적 네트워크나 공동체의 구성가능성이 높아지고 있다. 구체적 방법으로는 '역동적 상호작용'을 통한 방식이 이러한 네트워크를 구성하는 하나의 방법론적 대안이 될 수 있을 것이다. 여성주의 리더는 여성주의에 대해 거부감 내지 방관자적 입장을 지닌 구성원과의 상호작용을 통해 여성주의적 관심과 실천적 관심을 유도해 네트워크 내의 '역동적 상호작용'에 의해 구성되고 유지되고 변환되는 '관계'로 만들어가는 방식이다(양민석,

8) 가부장적 문화의 위력이 약화되고 양성평등과 다양성 존중의 문화가 확산되는 서구에서는 파트너십, 돌봄, 우애와 헌신을 기반으로 하는 새로운 형태의 네트워크들이 자생적으로 형성되어 화제가 되고 있다(Watters, 2003 ; Trimberger, 2005).

이 책).

전체사회의 거시적 사회자본의 형성, 특히 여성주의적 혹은 여성친화적 사회자본의 기반이 결여된 경우 미시적 차원의 여성주의 네트워크와 사회자본에 결부된 딜레마들을 극복하기 위해 네트워크의 확산이 요구된다. 특정 조직이나 네트워크를 형성한 여성주의 리더는 외부와의 연대를 통해 사회자본을 확대하는 방법을 모색할 수 있을 것이다. 다양한 자발적 시민단체와 시민사회 발달에 기초한 사회적 신뢰와 호혜성 등 조직 외적 사회요인의 확대에 기대를 걸어볼 수 있다. 시민사회의 발달과 '돌봄사회'의 전개는[9] 여성주의적인 거시적 사회자본 형성에 우호적일 수 있다. 돌봄은 책임성, 신뢰, 의지를 함축하며 타인의 상태에 대해 윤리적 중요성을 담지하므로 그 자체로서 여성주의 리더들에게 주요 사회자본이 될 수 있는 것이다. 돌봄 정신과 시민성(civility)이 사회 전체에 확산된다면 그 사회에 속한 개개인이나 집단들이 소통과 갈등해결, 그리고 진정한 '발전'의 기반을 이루게 될 것이기 때문이다.

4. 맺으며

국내외에서 사회적 권력 불평등이 사회자본의 젠더 불평등에 미치는 효과, 그리고 사회자본의 남녀 차이가 또 다시 사회적 양성 불평등에 미치는 효과에 관한 사회자본의 젠더 분석은 시작 단계에 있다. 오

9) 조혜정(2006), 허라금(2005, 2006) 참조.

늘날 여성들의 인적자본 축적이 가능해지고 공식적인 성차별 제도가 개선됨에 따라 여성들의 사회진출이 활발해진 상황에서도 여성 리더들은 사회자본의 취약성으로 인하여 남성들과의 경쟁에서 불리하다는 것이 확인되고 있으며, 현 단계 연구의 성과는 사회자본(을 비롯한 모든 주요 자원)의 젠더 불평등이 가부장적 권위주의와 권력불평등 구조에서 연유된다는 설명의 수준이다. 이것은 어쩌면 동의반복적인 해석으로 보일 수 있는 악순환의 고리이다. 따라서 가부장적 사회구조 안에서 발생하는 사회자본의 성별불평등 구조의 형성 과정과 그 효과에 관한 경험적 연구의 축적이 요구된다.

나아가 이 글에서는 젠더분석을 통해 여성의 사회자본의 취약성과 그 원인을 확인하는 것 이상의 중요한 과제를 제시했다. 그것은 리더십의 여성주의화, 그리고 나아가 사회자본 및 사회적 네트워크의 여성주의화의 과제이다. 이러한 과제의 도출은 사회자본에 관한 젠더분석을 넘어서는 여성주의적 접근을 통해 가능했다.

정치, 경제, 문화, 시민사회, 중앙과 지역사회, 조직, 단체 등 한국사회의 어느 영역이나 차원에서도 여성주의적 접근에서 발견하고 재확인하게 되는 것은 가부장적 권력구조가 아직도 막강한 위력을 발휘하고 있고, 변화에 저항하는 새로운 기제들이 끊임없이 만들어지고 있다는 사실이다. 여성들이 제도적으로 동등권을 확보하고 일부 여성들이 사회적 희소자원과 지위와 권력에 접근하게는 되었으나 실질적인 양성평등에 미치지 못할 뿐 아니라 여성에 대한 미묘한 비형식적 차별과 배제 방식이 활성화되어 있는 것이다. 가부장적 사회와 조직의 여성주의적 전환이라는 새로운 패러다임을 열어가는 데에서 여성주의적 리더십의 확산에 더하여 사회적 네트워크의 여성주의화, 사회자본의 여성주의화가 새로운 과제로 추가되어야 하며, 이는 여성주의 리더십의 실천적 과제임을 확인했다. 이는 사회자본에 대한 여성주의적 접근의 일차적 결실에 지나지 않는다. 다음 단계 여성운동 혹은 여성주의 민주화운동이 요구되는 시점이다. 여성주의적 가치와 조직원리로의 사회문화적 패러다임 전환을 위해 여성주의 리더십, 여성주의적 네트워크와 사회자본 논의가 새로운 시대의 패러다임 확립을 위한 실천전략 개발에서 하나의 실마리를 제공할 수 있기를 기대한다.

| 참고 문헌 |

김양희 (2006), 『여성, 리더 그리고 여성 리더십』, 삼성경제연구소.

김왕배, 이경용 (2002), 「사회자본으로서의 신뢰와 조직몰입」, 『한국사회학』, 36 : 3.

김용학, 손재석 (1998), 「미시적 신뢰와 거시적 위험」, 『계간 사상』, 1998 가을.

박찬웅 (1999), 「경쟁의 사회적 구조—기업내 신뢰의 사회적 연결망과 개인의 조직내 성과」, 『한국사회학』, 33 : 겨울.

유석춘 외 (2003), 『사회자본 : 이론과 쟁점』, 그린.

이재열 (1998), 「민주주의, 사회적 자본, 사회적 신뢰」, 『계간 사상』, 1998 여름.

이재혁 (1998), 「신뢰의 사회구조화」, 『한국사회학』, 32 : 여름.

장덕진 (1999), 「경제 위기와 대안적 지배구조로서의 신뢰」, 『계간 사상』, 1999 : 여름.

장덕진 · 황정미 (2003), 「여성의 사회적 자본 : 기업조직 내 연결망 분석 사례를 중심으로」, 『경제와 사회』, 59.

조 형 (2005), 『여성주의 가치와 모성 리더십』, 이화여자대학교출판부.

조혜정 (2006), 「후기근대적 위기와 '돌봄국가' 적 패러다임 전환을 위한 시론 : '차가운 근대 cold modern' 에서 '따뜻한 근대 warm modern' 로」, 연세대학교 사회과학연구소, 『사회학논집』, 37 : 1.

최종렬 (2004), 「신뢰와 호혜성의 통합의 관점에서 바라본 사회자본 : 사회자본 개념의 이념형적 구성」, 『한국사회학』, 38 : 6.

허라금 (2005), 「성 주류화 정책 패러다임의 모색 : '발전' 에서 '보살핌' 으로」, 『한국여성학』, 21 : 1.

허라금 (2006), 「보살핌의 사회화를 위한 여성주의적 사유」, 『한국여성학』, 22 : 1.

Baron, S., J. Field and T. schuller. eds. (2000), *Social Capital* : *Critical Perspectives*, Oxford.

Bourdieu, Pierre (1986), "The Forms of Capital" in J.G. Richardson. ed., *Handbook of Theory and Research for Sociology of Education*, Greenwood.

Burt, Roland (1992), *Structural Holes : The Social Structure of Competition*, Harvard.

Coleman, James (1988), " Social Capital in the Creation of Human Capital", *American Journal of Sociology*, 94.

Dasgupta, Partha & Ismail Serageldin, eds. (2000), *Social Capital : A Multifaceted Perspective*, World Bank.

Dekker, Paul and Eric M. Uslaner (2001), Social Capital and Participation in Everyday Life, Routledge.

Grindengil, Elisabeth & Brenda O'Neil (2006), "Removing Rose Colored Glasses : Examining Theories of Social Capital through a Gendered Lens" in Brenda O'Neil & Elisabeth Grindengil, eds., *Gender and Social Capital*, Routledge.

Field, John, Tom Schuller & Stephen Baron (2000), "Social Capital and Human Capital Revisited" in S. Baron, J. Field and T. Schuller. eds., *Social Capital : Critical Perspectives*, Oxford.

Fukuyama, Francis (1995), 『트러스트』, 한국경제신문사.

Isham, Jonathan, Thomas Kelly, Sunder Ramaswamy, eds. (2002), *Social Capital and Economic Development : Well-being in Developing Countries*, Edward Elgar.

Kovalainen, Anne (2005), " Social Capital, Trust and Dependency" in Sokratis M. Koniodos, ed., *Networks, Trust, and Social Capital : Theoretical and Empirical Investigations from Europe*, Ashgate Pub. Co.

Lin, Nan (2001), *Social Capital : A Theory of Social Structre and Action*, Cambridge.

Lowndes, Vivien (2006), "It' s Not What You' ve Got, But What You Do with It. Women, Social Capital, and Political Participation" in Brenda O' Neil & Elisabeth, Grindengil. eds., *Gender and Social Capital*, Routledge.

Molyneux, Maxine (2002), "Gender and the Silences of Social Capital : Lessons from Latin America", *Development and Change*, 33 : 2

O' Neil, Brenda & Elisabeth Grindengil. eds. (2006), *Gender and Social Capital*, Routledge.

Portes, Alejandro (1998), "Social Capital : Its Origins and Application in Modern Sociology", American Review of Socialology, 22.

Putnam, Robert D. (1993), "The Prosperous Community : Social Capital and Public Life", *The American Prospect*. 13.

Putnam, Robert D. ed. (2002), *Domocracies in Flux : The Evolution of Social Capitajl in Contemporary Society*, Oxford Univ. Press.

Sapiro, Virginia (2006), "Gender, Social Capital, and Politics" in Brenda O' Neil & Elisabeth Grindengil. eds., *Gender and Social Capital*, Routledge.

Trimberger, E. Kay (2005), *The New Single Woman*, Beacon.

Watters, Ethan (2003), *Urban Tribes*, Bloomsbury.

Woolcock, Michael (1998), "Social Capital and Economic Development : Toward a Theoretical Synthesis and Policy Framework", *Theory and Society*, 27.

가부장제 역사와 여성 리더의 흔적 : 조선시대 강빈(姜嬪)의 기억 찾기

정지영 *

1. 머리말

한국의 역사 속에서 여성 리더를 떠올릴 수 있을까. 전통 시대의 여성 가운데 이름이 알려진 경우, 그리고 리더라고 할 만큼의 지도력을 가졌던 경우는 선덕여왕, 진덕여왕 정도일 것이다. 그리고 조선시대에 섭정을 했던 왕의 어머니들을 떠올릴 수 있을 것이다. 이들은 당대에 실질적으로 매우 중요한 정치적 역할을 수행했지만 어쩐 일인지 역사 속의 여성 리더로 인식되기보다는 남성 후계자가 부재했기에 우연히 왕이 된 여성, 또는 남성의 권력 사이에 잠시 빈틈을 메운 여성으로 인식되고 있다.

다시 질문을 바꾸어서 한국 역사 속에 유명한 여성 인물을 이야기

* 이화여대 여성학과 전임강사.

하라고 하면 신사임당, 논개, 유관순과 같이 중등 교과서에 거론된 여성 인물들을 떠올리게 될 것이다. 하지만 훌륭한 어머니로 이름이 알려진 신사임당, 왜장을 껴안고 남강에 빠졌다는 논개, 3 · 1운동 때 만세운동에 참여한 것으로 알려진 유관순 모두 그 자신이 '훌륭한 위인'일 수 있겠지만, 그녀들이 과연 '여성 리더'인가 아닌가에 대해서는 다시 고개를 갸우뚱하게 된다. 리더라고 하면 그 자신이 혼자서 훌륭했던 위인과는 달라야 한다는 생각 때문일 것이다.

그녀들이 '리더'인가 아닌가를 이야기하기 위해서는 리더가 무엇인지에 대해 먼저 짚어보아야 한다. 리더를 어떻게 정의할 것인가에 대해서는 많은 논의가 있겠지만, 이 글에서는 '다른 사람을 움직여 변화를 이끌어낸 사람'[1]이라고 넓게 정의하고자 한다. 만일 이러한 의미로 리더라는 말을 사용한다면 신라의 여왕들, 조선의 왕비, 신사임당, 논개, 유관순뿐 아니라 이름을 알리지 않은 수많은 여성들이 모두 일상 속의 리더였던 것이 아닐까 하는 생각이 든다. 어쩌면 무수히 많은 여성들이 리더로서 삶을 일구고 주위 사람들을 움직이고, 새로운 역사를 만들어갔을 수도 있다. 하지만 그 수많은 여성들에 대한 이야기는 남아 있지 않고, 이름이 알려진 여성들조차도 그저 '혼자서' 훌륭한 여성이라는 이미지로 남아 있을 뿐이다. 그 여성들을 한국 역사 속의 '여성 리더', 곧 다른 사람을 움직여 변화를 이끌어낸 여성으로 인식하는 것

1) 『국어대사전』에는 "조직이나 단체 따위에서 전체를 이끌어가는 위치에 있는 사람. 지도자로 순화"(금성출판사)라고 나와 있다. 이러한 사전적 의미는 리더를 조직, 단체와 관련된 사람으로 국한하며 '지도자'라는 위치, 지위의 의미를 중시하는 것이다. 새로운 리더십 개념에 대한 논의가 진행되면서, '리더'의 의미 자체를 재정의하는 여러 가지 시도들이 이루어졌다. 역사 속의 여성 리더를 논의할 때 만일 국어사전의 의미를 그대로 따른다면, 한국 전통시대에 여성 리더를 찾는 일은 거의 불가능한 일일 것이다.

은 불가능한가.

이 글은 한국의 과거 역사 속의 여성 인물에 대한 인식에 다시 질문을 던지기 위한 것이다. 한국 역사 속에서 어떤 새로운 파장을 만들어내고 또 다른 사람에게 영향을 끼친 여성들은 왜 리더로 기억되지 못하고, 그저 개별적이고 고립적으로 외롭게 서 있는 것일까. 어쩌면 그녀들은 남성 중심의 가부장제 사회 속에서 여성으로서 영향력을 발휘했기에 부정적인 존재로 그려질 수밖에 없었던 것이 아닐까. 이렇게 부정적인 이미지로 기록되고 기억되는 여성들의 삶과 존재를 여성의 입장에서 다른 방식으로 재해석할 경우 전혀 다른 이야기가 만들어질 수 있지 않을까.

이 글에서 이러한 질문을 바탕으로 남성 중심적 역사 속에서 여성을 배치하고 활용한 방식을 문제삼는 것을 통해 과거의 여성을 이야기하는 새로운 방식, 그 원형을 만들어가는 작업을 시도하고자 한다. 이를 위해 전통시대 권력에 가까이 있던 여성들에 대해 남성들이 말한 방식을 분석하여 그들이 그 여성들을 어떤 방식으로 배치했는가를 해부하고, 새로운 여성 리더의 흔적을 발굴해볼 것이다. 먼저 조선시대 가부장제가 구축되어가는 과정 속에서 어떤 덕목이 훌륭한 여성의 조건으로 이야기되었는가를 살펴볼 것이다. 아울러 조선의 부녀들이 겹겹이 닫힌 문 안의 규방 속에 개별적으로 고립되어 존재한 것이 아니라, 활달하게 몰려다니며 의견을 주고받기도 하고 집단적인 네트워크를 만든 흔적을 남겼다는 점을 드러낼 것이다. 이러한 부녀들의 '움직임'을 가시화하는 것은 소극적이고 수동적인 '전통 여성'의 제한된 상상계를 넘어서는 작업이 될 것이다. 마지막으로 조선 정치 무대에서 여성으로서 기존 권위에 저항하고 새로운 시대를 열어가고자 했던 여성 인물 중 한 사람인 소현세자빈 강씨에 대한 기록을 재평가하여 새롭게 해석해볼 것이다.

앞선 연구들에서 조선시대 여성들을 '여성 리더'로 보고 드러내는 작업은 그다지 활발하게 이루어지지 않았다. 조선시대 여성 인물을 다룬 책들이 있지만 그 속에서 그녀들은 '비련의 주인공'으로 표상될 뿐이었다. 특히, 이 글에서 주목하고자 하는 강빈은 지금까지 별다른 주목을 받지 못했다.[2] '소현세자'의 부인으로만 알려져 있는 정도이며, 시아버지인 인조에 의해 죽임을 당한 며느리로 알려져 있다. 강빈과 그녀를 둘러싼 이야기는 그 자체로 매우 흥미진진하여 TV 사극의 주인공이 될 수도 있으련만, 아직 그녀를 주인공으로 하는 드라마는 만들어지지 않았다. 어쩌면 소현세자와 강빈에게 주목할 경우, 사라진 명나라에 대한 의리 명분을 끝내 지키고자 한 조선 왕조의 선택을 의문시해야 하기 때문일 수도 있다. 또 한편으로는 강빈이 조선시대와 같이 엄격한 규범이 세워진 시기에 '시아버지에게 대든' 며느리로 기록되어 있기 때문일지도 모른다. 그녀가 어떤 역할을 하고 어떤 가치를 지향했든 상관없이, '현모양처'와 '효부' 이데올로기의 원천인 조선시대 왕실에 시아버지의 권위에 저항했던 며느리에 대한 기억은 삭제되어야 했던 것이다. 이 글에서는 강빈을 인조의 며느리, 소현세자의 부인이 아닌, 17세기 변화하는 시대에 중원에 새롭게 등장한 청나라에서 10년 가까운

2) 최근에 이덕일은 『여인열전』이라는 책에서 조선시대 여성 인물을 비련의 주인공이 아닌 적극적이고 주체적인 존재로 새롭게 보는 작업을 시도하여 눈길을 끈다. 그 가운데 이 글에서 다룰 '강빈'에 대한 연구도 눈길을 끈다. 이덕일의 연구가 있기 전까지, 강빈은 소현세자의 빈으로 알려졌고, 강빈보다는 소현세자의 존재와 죽음이 더 많은 관심을 끈 것이 사실이다. 이덕일의 글은 강빈을 중심으로 시대상황을 서술했다는 점에서 새로운 것이지만, 강빈을 하나의 특별한 인물로 부각시켰을 뿐, 당시의 역사적 맥락 특히 가부장제적 구조 속에서 그녀에 대한 담론이 어떻게 구축되었고 또 강빈을 여성 리더로서 어떻게 위치지을 수 있는가에 대한 고민이 이루어진 것은 아니다.

세월을 보내면서 당대의 거추장스러운 규범과 명분으로부터 벗어나 새로운 관계를 열어가고자 했던 여성 리더로 재조명할 것이다. 그녀에 대한 남성들의 평가 방식을 분석하고 조선시대 왕실의 여성으로서 남성의 지배규범이 요구한 틀에 맞추지 않고 또 다른 지향을 찾아나섰던 흔적을 찾아볼 것이다.

2. 여성을 기억하는 방식 : 역사의 선택과 배제

한국 역사 속에 존재했던 여성 가운데 기억되는 이들은 누구인가. 중학교 국사, 사회, 도덕교과서에 등장하는 역사 속에 스토리를 가지고 등장하는 여성 인물은 평강공주, 신사임당, 명성황후, 유관순 등이다. 그 밖의 인물들은 '누군가의 어머니', 또는 '어떤 사건이 일어난 시대의 여왕'이라는 식으로 이름이 거론되어 있을 뿐이므로 제외했다. 이들에 대한 교과서의 서술을 살펴보면 다음과 같다.

A. 평강공주 :

바보 온달에게 글공부를 가르치고 무술도 익히게 하여 장군이 되어 나라에 충성을 다하게 했다.[3)]

B. 신사임당

사임당은 어려서 외할아버지로부터 학문을 익히고, 어머니로부터

3) 중학교 2학년 사회교과서(지학사), p. 151, Ⅵ. 개인과 사회의 발전 – 1. 인간의 사회화와 자아 발달 – 탐구 활동

여자가 지켜야 할 도리를 배우며 훌륭한 인격을 쌓았다. 사임당에게는 일곱 자녀가 있었는데, 모두 학식과 덕망이 깊었다. 사임당은 자녀들에게 가장 모범적인 현모였으며, 남편의 부족함을 채워 주기도 한 현명한 여인이었다. 즉 사임당은 덕과 인격을 갖춘 훌륭한 어머니이자 어진 아내로서, 그리고 예술가로서 부족함이 없었다. 그녀는 우리나라 여성들의 본보기가 되고 있다.[4]

C. 명성황후

고종과 명성황후는 일본의 간섭에서 벗어날 방법을 찾으려 하였다. 명성황후는 일본의 조선 침략을 막으려다 방해인물로 지목되어 결국 죽임을 당했다.[5]

D. 유관순

유관순은 항일 투쟁에다 법정 모욕죄까지 가산되어 여성으로서 최고형인 7년 징역형을 받았으며, 의연히 옥중투쟁을 벌이다 심한 고문으로 순국하였다.[6]

이 네 명의 여성은 두 가지 유형으로 구분된다. 평강공주와 신사임당, 그리고 명성황후와 유관순이다. 평강공주와 신사임당은 남편과 아들을 성공시킨 여성의 전형이다. 그리고 명성황후와 유관순은 국가와

4) 중학교 1학년 도덕교과서, p. 291, Ⅱ. 가정 · 이웃 · 학교 생활 예절 – 인물 학습
5) 중학교 국사교과서, p. 220, 221, 222, 224, 229, 235, Ⅷ. 주권 수호 운동의 전개 – 1. 독립협회와 대한 제국
6) 중학교 국사교과서, p. 267, 272, Ⅸ. 민족의 독립 운동 – 2. 3 · 1운동

민족을 위해 몸 바친 여성의 전형이다. 그런데 그 가운데 평강공주와 신사임당은 근대사회 이전, 곧 전통시대의 여성들이고 명성황후와 유관순은 개항 이후 곧 근대 초기의 여성들이다. 남편과 아들을 성공시킨 여성은 전통시대, 곧 조선시대 이전 시대에서 찾아지고 국가와 민족을 위해 스스로 역할을 한 여성은 근대 이후에서 발견된다. 이러한 배치를 통해 전통적인 한국 여성의 원형이 '현모양처'에 있다는 인식이 각인된다.

한편, 신사임당형, 유관순형이 아닌 여성 가운데 교과서에는 나오지 않지만 미디어를 통해 널리 이름이 알려진 여성이 있다. 장희빈. 여성 리더로서 떠오르는 인물은 드물지만 조선시대 역사 속 인물 가운데 가장 유명한 여성이 누구인가 하는 질문을 하면, 약간은 주저하면서도 신사임당과 장희빈의 이름을 떠올리게 된다. 그 두 여성은 전통시대 여성 가운데 선과 악의 대표적 이미지로 만들어져 있다. 신사임당의 경우 남성중심적 가부장제 역사에서 '남성이 원한 여성'의 대표격이다. 그런데 남성이 원한 여성의 대표이기에 그녀 자신의 모습은 오히려 퇴색되어버렸다. 그녀는 남성의 목소리로 칭송되었고, 남성의 시선으로 추앙받았으며, 남성의 잣대에 의해 살이 도려내어진 채 박제화된 여성 리더인 것이다. 그에 비해 장희빈은 '나쁜 여성, 남편에게 버림받은 여성'의 대표격이다. 그녀가 어떤 여성이었는가에 대해 우리는 알지 못한다. 다만 어진 인현왕후를 내쫓은 간사하고 사악한 첩의 이미지로 남아 있을 뿐이다. 남성들은 그녀를 사랑하고, 이용하고, 버리고, 여성의 입을 통해 비난했다.

신사임당과 장희빈은 단순히 지나간 역사의 흔적인 것이 아니다. 그녀들은 우리에게 조선시대에 살았던 여성으로 인식되지만, 사실은 조선시대라는 무대보다 20세기에 새롭게 구축된 가부장제의 무대 위에서 더 많이 등장했다. 『조선왕조실록』 또는 조선시대에 기록된 역사서에서 그녀들은 그다지 자주 거론되는 인물이 아니었다. 오히려 20세기에 그녀들은 새롭게 부활하듯 살아나 '우리 빛나는 전통'이라는 주제의 공연에서 끊임없이 남성들의 손놀림에 의해 조작되는 꼭두각시 노릇을 하게 되었다.

한국의 여성들이 이른바 우리 전통 속의 유명한 여성, 여성 리더를 손꼽을 때 신사임당 또는 장희빈을 떠올리게 되는 것은 어떤 효과를 줄까. 끊임없는 자기부정을 하거나, 은연중 자신 속에서 신사임당 또는 장희빈의 모습을 떠올리며 따르고 싶지 않거나 따를 수 없는 기묘한 갈등 속에 사로잡히게 만든다. 전통 속의 유명한 여성들이 한 일이란 것이 아들을 잘 키웠거나, 사악한 간교를 꾸민 것뿐이다. 대체 누굴 본받아 살아가야 할까. 아무리 근대 역사 속에서 훌륭한 여성이 많았다고 이야기해도, 전통 여성의 이미지는 여성 자신, 그리고 그 여성을 바라보는 사회의 시선 깊숙한 곳에 스며들어 있다. 어쩐지 우리 인식의 뿌리는 전통에 있는 것 같다. 하지만 그 뿌리가 되는 전통 속에 여성은 없다.

이러한 기억 상실에서 벗어나기 위해 조선시대 여성을 몇 가지 전형적 존재로 그려내는 데서 벗어날 필요가 있다. 왜 조선의 여성은 훌륭한 어머니 아니면 정치를 망치는 요부이어야 하는가. 그러한 전형에 들어맞지 않는 여성들 모습에 대한 논의가 이루어져야 한다. 조선 여성 가운데 유교 이데올로기를 적극적으로 내면화한 것처럼 보이면서도, 그 안에서 자신의 욕망을 발현하고 또 그들만의 공간을 만들어낸 경우를 발굴하는 작업이 절실하다. 다양한 여성들, 여성들의 다층적인 삶의 흔적을 적극적으로 읽어낼 필요가 있는 것이다.

전통시대 여성은 남성적 시선에 의해 근대화의 타자로서 한국적인 것, 인내하는 어머니로 표상되었다. 근대 이전 한국 역사 속의 여성들은 '전통 여성'이라는 이름으로 그 다양한 층위와 다양한 삶의 방식이 지워지고 '고통받고 인내하는 어머니'로 호명될 뿐이다. 조선시대 여성을 둘러싼 근대의 담론들, 그 담론의 생산자가 누구인가, 어떤 방식으로, 왜 조선 여성을 호출해내고 있는가에 대한 면밀한 분석이 필요하다. 조선시대 여성에 대한 연구는 이러한 시선의 분석들이 현재 사회에 끼치는 정치적 효과를 문제 삼는 작업이어야 한다. 조선시대 여성을 기억하는 방식은 어떻게 현재 한국 여성의 무의식 속에 스며들어서 여성에 대한 협박과 회유의 담론으로 작용하고 있는가를 읽어내고, 드러내고, 다시 서술해야 한다.

지금까지 여성사 서술에서 이른바 여성 리더라고 할 만한 여성들이 주목받지 못한 것은 아니지만, 그녀들에 대한 서술은 조선시대 기록에 지나치게 충실한 방식으로 이루어져 있다. 여성으로서 자신이 중요하게 생각하는 가치와 그것을 실현하고자 하는 욕망에 따라 삶을 꾸렸던 여성들의 경우 남성적 시선에 의해 폄하되곤 했다. 그리고 그러한 내용이 담긴 사료는 그 밖을 상상하기 어렵게 만드는 절대적 경계로 작용했다. 여성에 대해 칭찬하고 폄하한 조선시대 남성 지배자들의 시선을 크게 벗어날 수 없었던 것이다. 조선시대 자료의 대부분은 남성 지배층에 의해 서술된 것이기에, 사료에 충실한 연구를 진행한 경우 조선시대 남성지배층의 시선으로부터 벗어나기 어려웠다.

그러므로 조선시대의 여성 리더를 찾기 위해서는 먼저 당시 여성 리더에 대한 기록들이 이미 편파적인 남성에 의해 기록된 것이라는 사실을 끊임없이 인식하면서 사료의 행간을 읽고 사료의 결을 거슬러 읽는 의도적인 노력을 기울여야 한다. 자료에 대한 거리두기, 여성의 눈으로, 여성의 입장에서 역사 기록을 다시 읽는 작업이 이루어져야 한다. 이를 위해 『조선왕조실록』의 기사는 일어난 사실 그 자체에 대한 기록이라기보다는 왕과 조정을 출입한 남성사대부집단이 그 문제에 대해 논의한 내용을 기록한 것임을 좀더 명확하게 인식해야 한다. 여성리더에 대해 논평해놓은 방식, 그 자체를 역사의 분석대상으로 삼아야 하는 것이다.

3 . 조선시대의 규범과 실제

1) 바람직한 여성이 되기 위한 규범

유교가 국가의 공식 이데올로기로 채택된 조선시대에 여성의 정치활동에 대한 견제는 강력하게 이루어졌다.

『여계』에 보면 여성은 다음과 같아야 한다고 되어 있다.

> 여자의 수신은 조심하는 것만한 게 없고, 강하게 되지 않으려면 순종하는 것만한 게 없다. 그래서 신중하고 순종하는 도를 부인의 중요한 예라고 하는 것이다.(『女誡』, 敬順 2)

여자가 수양을 할 때, 오직 조심하고 신중하고 순종하는 것을 추구해야 하는 것이다. 그리고 여자는 강하면 안 되는데 강하게 되지 않기 위해서 순종하라고 권하고 있다. 그리고 그것을 이루기 위해 다음과 같이 자세한 실천 방안을 제시하고 있다.

A. 여자는 겸양과 공경의 정신으로 다른 사람을 먼저 하고 나를 뒤로해야 한다. 좋은 일이 생겼다고 나서지 말 것이며, 궂은일이라고 마다하지 말 것이다. 욕된 일은 참아내고 수치를 삭히어, 항상 조심하고 두려운 듯해야 한다. 이것이 낮고 약한 존재로서 다른 사람의 아래에 처하는 방법이다. 늦게 자고 일찍 일어나, 밤낮을 가리지 않고 자잘한 모든 일을 해내야 하며, 한 번 시작한 일은 힘들고 쉬운 것을 가리지 않고 끝을 보아야 한다. 한번 손댄 것은 마무리해야 하니, 이것을 '일을 한다'고 하는 것이다. 낯빛과 몸가짐을 단정하게 하여 남편을 섬기고, 스스로를 맑고 깨끗하게 가다듬어 웃고 노는 일을 멀리하며, 술과 음식을 정결하게 마련하여 조상을 정성껏 받들어야 하니, 이것을 '제사를 잇는다'고 하는 것이다.(『女誡』, 卑弱 2)

B. 이 세 가지가 진실로 갖추어졌는데도 이름이 나지 않거나, 쫓겨나는 치욕스러움을 당한 경우는 없었다. 반면에 이 세 가지를 갖추지 않고서 어떻게 이름이 세상에 드러날 수 있으며, 어떻게 쫓겨나는 치욕을 면할 수 있겠는가?(『女誡』, 卑弱 3)

C. 중요하구나, 부인의 행동이여! 신중하지 않을 수 없도다. 혼자 옳다고 여기게 되면 행동이 멋대로 되고, 스스로를 과신하게 되면 행동이 위험스러우며, 스스로를 속이면 그 행동이 교만하여 추하게 된다. 행동이 멋대로 되면 인간사회의 질서가 없어진다. 행동이 위험스러우면 우환을 일으킨다. 행동이 교만하여 추하게 되면 인간의 도리가 끊어진다. 이 중에서 한 가지라도 해당된다면 일생을 잘 마무리하기가 어려울 것이다.(『內訓』, 勤行章 第四)

이러한 규범이 현실 속에 그대로 적용되었다고 볼 수는 없지만, 이를 통해서 조선시대의 지배규범이 여성을 어떤 틀 속에 맞추고자 했는지 읽을 수 있다. 이에 따르면 순종과 섬김, 근검과 절약, 겸손함, 남편과 시부모에 대한 철저한 복종과 섬김, 자녀 돌보기, 침묵과 조용함, 인내가 바람직한 여성이 되기 위해 갖추어야 할 덕목이었다.

어쩌면 이러한 덕목은 해석하기에 따라서 리더가 갖추어야 할 요건을 훌륭하게 정리해놓은 것이라고 생각할 수도 있다. 누군가의 위에 군림하는 리더가 아닌, 다른 이들과 함께 영향을 주고받으며 헌신하는 리더가 되기 위한 요건들과 어울리는 내용이라고 생각할 수 있는 것이다. "다른 사람을 먼저 하고 나를 뒤로" 하는 것, "욕된 일을 참아내고 수치를 삭히"는 것, "한번 시작한 일은 힘들고 쉬운 것을 가리지 않고 끝을 보는" 것, "혼자 옳다고 여기"지 않고, "스스로를 과신하"지 않는 것. 이러한 내용들은 훌륭한 리더가 되기 위한 중요한 요소들일 수 있다.

하지만, 이러한 내용이 '여성'이기 때문에 강조된 것이라는 점에 유념할 필요가 있다. 그 이면에는 낮고 약한 존재임을 알고 다른 사람의 아래에 처하는 방법이며, 남편을 섬기고 웃고 노는 일을 멀리하여, 위험스러운 행동을 하여 우환을 일으키지 말라는 경고가 깔려 있다. 또 이러한 내용들은 단지 세상에 이름을 드러내기 위한 것, 곧 바람직한 것으로 권장된 것이 아니라 '쫓겨나는 치욕'을 당하지 않기 위해 꼭 갖추어야 하는 경고로 제시된 것이었다. 요컨대 행동을 '신중'하게 해야 하며, 스스로 옳다고 여겨서 그에 따라 행동을 하면 인간사회의 질서가 없어지고 우환이 일어나리라는 것이었다. 곧 여성이 스스로의 판단에 따라 무언가를 결정하여 어떤 새로운 시도를 하는 것을 우환의 근원으로 이야기하고 있다. 이는 단순하게 여성에 대한 폄하에 그치는 것을 넘어서 여성의 활동과 정치 개입에 대한 강력한 견제의 의미가 담긴 것이다. 그런데 이러한 강력한 견제의 이면에는 여성들이 결코 '신중(남성의 입장에서)'하게만 행동하지 않은 역사가 있었던 것일 수 있다.

조선시대 왕실의 여성이 죽은 뒤에 쓰여진 지문(誌文)을 보면, 이러한 규범이 현실에서 어떻게 작동했는가를 알 수 있다.

> 궐내에서 대행 왕비의 아래와 같은 실록(實錄)을 내보냈는데, 그 시종은 대략 이러하였다. (중략) 비는 타고난 천성이 총명 예지(聰明睿智)하고 자선 관유(慈善寬柔)하며, 널리 여러 책을 열람하였다. 자전을 봉양하기를 지성으로 하여 변함이 없었고 날마다 혼정신성(昏定晨省)하며 이른 아침부터 밤 늦게까지 조심하였다. 비빈(妃嬪)을 무애(撫愛)하되 은혜가 높고 뜻이 후하며, 지서(支庶)를 양육하되 친아들을 사랑하듯 하였다. 집안 다스리기를 엄명(嚴明)하게 하고, 상을 보필하기를 혹시라도 힘이 미치지 못할 것같이 하였다. 항상 상께 아뢰기를 '첩이 옛글을 보았는데, 비록 어진 부인의 덕에는 미치지 못한다 해도 상의 뜻에 불순하다는 이름을 얻지 않으려는 것이 나의 소원입니다. 첩이 잘못함이 있으면 상교(聖敎)를 아끼지 마시어, 허물을 고칠 수 있게 하소서.' 하고, 또 아뢰기를 '외가(外家)의 성패는 후비(后妃)가 어질고 어질지 못함에 있습니다. 외척(外戚)의 관작을 첩이 어찌 구하리까? 어질면 자연 공론(公論)이 있어서 쓸 것이요 어질지 못하면 자연 공론이 있어서 버릴 것이니, 죄를 입는 자 있더라도 이것이 누구의 허물이리까? 나는 한하지 않겠습니다.' 하였으며, 왕비의 지위에 있은 지 9년 동안에 한 사람도 상에게 청하여 벼슬을 준 일이 없으며 또 청하여 죄를 면한

자가 없었다.(『중종실록』 권21, 10년 3월 7일 갑자, 15집 63면)

정희 왕후께서 항시 성종께 분부하시기를 '윤 숙의(尹淑儀)는 나이가 젊으면서도 순박하고 조심스러우며 말이 적어 다른 사람들과 다르다'고 하시었다. 기해년에 옹주(翁主)를 낳으셨고 경신년 10월에 왕비(王妃)로 책봉(冊封)되셨는데, 성품이 인자하고 은혜로웠으며 총명하고 민첩하여 널리 배워 문견(聞見)이 많으셨다. 성종 섬기기를 소심(小心)하게 날마다 새롭게 하고 조금도 질투하는 일이 없었으며, 모든 비빈(妃嬪)들의 자녀를 어루만져 돌보기를 소생(所生)처럼 하여 시종(始終) 간격이 없게 하였으며, 위로는 자위(慈闈)들께 효도하고 아래로는 권속(眷屬)들을 무육하여, 비록 옛적의 왕후라 하더라도 더할 수 없이 하였다. 성종께서 매양 칭찬하기를 '예부터 부인들이 질투하지 않은 사람이 적은데, 나의 마음이 편안한 것은 진실로 중궁(中宮) 때문이니 현비(賢妃)라 할 만하다.' 하였고, 소혜 왕후께서도 얼굴에 기쁨이 넘치며 항시 칭찬하기를 '중궁다운 사람이 들어왔으니 낮이나 밤이나 무슨 근심이 있겠는가?' 하시었다.(『중종실록』 권69, 25년 8월 23일 경진, 17집 247면)

위의 두 가지 사례에서 바람직한 왕비의 자질은 다음 네 가지로 요약된다. 첫째, 성품은 총명하나 조심스럽고 말이 적음. 둘째, 다른 비빈의 자녀를 자기 자녀처럼 대함. 셋째, 질투하지 않음. 넷째, 정치에 관여하지 않음이다. 끊임없이 조심하고 삼가지 않으면 쫓겨날 수도 있다는 경고는 사실이었을 것이다. 이러한 규범을 통해 이른바 적극적이고 강한 여성을 배제하고자 했던 이유는 무엇이었을까. 왕비의 자리에서 가질 수 있는 정치력을 제한하여 여성의 정치 참여를 막으려는 의도가 있었던 것이 아닐까. 한편 정희왕후에 대한 평가에서 "순박하고 조심스러우며 말이 적어 다른 사람들과 다르다"고 한 대목을 볼 수 있는데, 이를 뒤집어보면, 다른 왕후의 경우 정희왕후와는 달리 이른바 "순박하고 조심스러우며 말이 적"지 않았다는 것을 짐작할 수 있다.

조선왕조를 개국한 뒤 초기부터 남성 지배층들이 언급한 제도적 장치가 부인의 바깥 출입을 제한하는 것이었다는 사실도 이러한 맥락에서 생각해볼 수 있다. "부인은 형제를 볼 적에도 문지방을 넘지 않는 것이 예(禮)다."[7] 이 말은 조선시대 규방의 여성 곧 사족의 부녀에 대한 규범을 상징적으로 보여준다. 문지방은 다시 뜰에 나가지 않는 것, 중문을 나서지 않는 것으로 확장된다. "『예(禮)』에, 부인은 낮에 뜰에서 놀지 아니하고, 연고 없이 중문에 나오지 아니하는 것이라고 했으니 이는 부도(婦道)에 맞게 말이나 행동을 조심해야 하기 때문입니다."[8] 조선시대의 이른바 '부인'인 여성들이 부인다우려면 낮에 뜰에서 놀지 않고, 또 이유 없이 중문 밖을 나서지 않아야 했다.

조선은 유교라는 이념을 국가를 운영하는 기본 원리로 삼았다. 유교적 예법을 생활에 도입하는 것은 곧 유교 이념과 질서를 현실에 구현시키는 길이었다. 조선시대에 규방여성에 대해서도 이러한 유교적 예법에 맞게 생활하고, 그 질서를 내면화하도록 만들기 위한 여러 가지 조치들이 마련되었다. 이 과정에서 여러 가지 금지 조항이 만들어졌다. 그런데 가만히 그 금지 조항의 내용을 살펴보면, 그 규제의 핵심은 외출과 노출에 대한 것이었음을 알 수 있다. 부녀가 자유롭게 돌아다니거

7) 『성종실록』 권212, 19년 1월 28일(계사), 11집 305면.
8) 『세종실록』 권52, 13년 6월 25일(정사), 3집 327면.

나, 자신을 드러내거나, 사람들과 만나거나, 모여서 놀이를 하는 것을 막는 것이었다. 규방에 머물며 그 안에서도 누가 보든 안 보든 행동을 조심하고 삼가야 하는 규방 여성에 대해 외출 및 노출에 대한 규제가 이루어졌다는 것은 무엇을 의미할까. 규방 여성들이 다소곳하고 조심스럽고 단정하게 방에 머물러 있는 것은 조선시대의 꿈이고 지향일 뿐, 실제 여성들은 규방의 문지방을 넘어 밖의 문제에 개입하고 돌아다니며 얼굴을 드러내고 놀았던 것이다.

그렇다면 이러한 규제는 과연 여성의 입장에서 볼 때 어떤 것이었을까. 그동안 살아온 방식과 전혀 다른 삶을 요구하는 금지 조항들이 만들어질 때, 여성들은 과연 어떻게 대응했을까. 이제 규제를 만드는 남성 국가가 아니라, 그 규제 대상인 이른바 규방 여성의 입장에서 규방 여성에 대한 규제에 대해 조명해볼 필요가 있다. 『조선왕조실록』 기록을 보면, 끊임없이 여성에 대한 규제 조항을 두고 조정에서 논란을 일으킨 것을 알 수 있다. 그러한 논란은 규제가 실제로 쉽게 이루어지지 않았음을 보여준다.

2) 부녀들의 모임과 집단 행동[9)]

조선왕조는 유교를 기반으로 한 정치를 표방하고 건국되었다. 말하자면 불교를 근간으로 한 고려를 엎고 유학자들이 유교의 방식에 따라 새로운 나라를 세운 것이었다. 조선이라는 나라가 잘 유지되려면 유교에 맞게 모든 삶을 바꾸고, 불교가 사람들의 삶에 끼친 영향을 차단하는 것이 중요했다. 그런데 그러한 방향으로 나아가는 데 있어서 어려

9) 이 장의 내용은 정지영, 「조선시대 부녀의 노출과 외출 : 규제와 틈새」(『여성과 역사』 2, 2005년 6월)에서 좀더 자세히 다루었다.

움이 있었다. 여성들이 불교를 포기하지 않는다는 점이었다.[10] 여성들은 오랜 문화적 흐름에 따라 불교를 믿었고, 또 절에 가서 갖가지 재를 지내고 또 승려를 만나곤 했다. 또 관등행사를 한다고 여성들이 밤늦도록 모여 놀이를 하고 또 절에서 밤을 지새우기도 하였다.

조선시대에 양반 부녀들은 음식을 장만하여 불교행사에 참여하는 일에 적극적이었다.[11] 죽은 판부사 이화영의 아내 동씨가 그 어머니와 딸뿐 아니라 친족의 부녀들을 이끌고 절에 가서 3간 정도의 작은 암자에서 중들과 함께 있었다고 한다. 또 금은을 녹여서 법화경을 베끼고, 닷새 동안 그것을 읽으며 또 유밀과를 만들어 중을 대접했다고 한다.[12] 세종 16년에는 양주에 있는 회암사가 수리를 위한 불회를 열어 사대부의 아내, 여승, 부녀자들이 구경하기 위해 몰려들어 또 하나의 사건이 되었다. 이 때, 3명의 중이 무애희(無㝵戱)를 시작하자 부녀자들이 시주라며, 옷을 벗어주어 물의를 일으키기도 했다.[13]

조선시대에 왕실과 사대부가의 여성들이 절에 올라가서 불사를 여는 일을 금지하자는 논의는 끊임없이 이어졌다. 조선 태종 4년부터 부녀자의 절 출입을 금지하도록 하는 조치가 이루어진다.[14] 하지만, 부녀자가 사찰에 출입하는 일은 조선시대 내내 완전히 금지되지 못했다. 성종 25년에 월산대군의 부인이 불사를 홍복사에서 여는데, 이 때 사대

10) 이에 대해서는 이순구, 앞의 논문, 1996 및 이은순, 「조선시대 성리학 정착과 여성의 신앙활동」, 『사학연구』 54, 1997 참조.

11) 왕실에서 주관하는 불교행사가 공공연하게 열렸고, 이에 서울의 선비와 부녀들이 모여들었다. 효령대군 이보가 수륙재를 7일 동안 한강에서 개설했는데, 서울 안의 선비와 부녀들이 구름같이 모였으며, 양반 부녀도 맛좋은 음식을 장만하여 가지고 와서 공양했다고 한다(『세종실록』 권55, 14년 2월 14일(계묘), 3집 372면).

12) 『세종실록』 권30, 7년 11월 8일(계묘), 2집 699면.

13) 『세종실록』 권64, 16년 4월 10일(정사), 3집 555면.

14) 『태종실록』 권8, 4년 12월 8일(을해), 1집 316면.

부, 사족의 부녀자들이 구름처럼 모였다고 되어 있다. 지평 강형은 이때 절에서 이루어진 광경을 이렇게 묘사하고 있다. "흥복사의 불사(佛事)에 백랍(白蠟)을 가지고 초〔燭〕를 만들고, 세포(細布)를 가지고 화초(花草)를 만들었으며, 금(金)·은(銀)·채단(綵緞)을 부처 앞에 나열했으며, 중에게 시주한 물건은 그 수가 얼마인지 알지 못할 정도였습니다. ……" 그리고 남녀가 뒤섞여 있었다는 설명도 덧붙인다.[15] 하지만 왕은 여전히 이러한 일은 근거를 찾아내기 어렵다는 이유로 이에 대한 처벌을 미루었다.[16]

사족의 부녀들은 절에 올라가 불공을 드리고 숙박을 하며, 유흥을 즐기기도 하고 많은 이야기를 나누었다. 그 이야기는 조선의 남성 지배자들에게 이른바 '잡담'으로 여겨졌을 뿐이다. 하지만 그 안에서 어떤 이야기가 오갔는지에 대해 우리는 아무런 단서도 얻을 수 없다. 절에 가서 밤을 지새우며 나누었던 그녀들의 '잡담'은 무슨 이야기를 담고 있었을까. 그 이야기는 들을 수 없고, 다만 그녀들의 이야기를 '잡담'으로 생각한 실록 기록자들의 서술만이 역사적 자료로 전해진다. 어쩌면 그녀들은 절에 모여서 유교적 지배이념이 강화되는 세상의 규범에 대해 논의했을 수도 있고, 그 규범이 주는 무거운 제약을 잠시 벗어나 그녀들이 꿈꾸는 삶과 철학을 나누었을 수도 있다.

이러한 부녀들의 사찰 출입은 여승이 되는 길로 이어지기도 했다. 조선시대 처녀 가운데 혼인하여 사는 길을 포기하고 삼종지도의 문지방을 넘어 승니가 되는 경우가 있었다. 과부가 된 여성들은 수절한다는 명분으로 승니가 되어 수절과 정절 훼손의 경계를 모호하게 만들었다.

15) 『성종실록』 권289, 25년 4월 18일(병자), 12집 506면.
16) 『성종실록』 권289, 25년 4월 17일(을해), 12집 505면.

조선시대 남성들의 기록에서 승니들은 음란하고 요망한 존재로 묘사되었다. 그녀들은 양가집 부녀자를 유혹하고 또 그들과 어울려 절집에서 밤을 지새우며 승려들과 뒤섞여 음란한 행위를 하는 것으로 묘사되곤 했다. 여승이 된 그녀들은 조선왕조가 표방하는 유교에 해악을 끼치는 존재였다. 그리고 가부장의 권위에 도전하고 또 정절을 잃는 등 경계선을 어지럽힌 여성들의 도피처였다. 여성들은 불교를 통해 유교 밖의 공간(여성 場)을 만들어내고 주자학적 규범의 경계를 넘어섰던 것이다.

국가에서는 그러한 여성들을 배제하여 그들의 영향력이 다른 여성에게 침투하는 것을 봉쇄하려고 했다. 조선의 조정에서는 이러한 여승을 환속하여 결혼하게 만들려는 정책과 동시에 그들을 도성 안에 들어오지 못하게 하여 정상적 사람들의 경계 밖으로 배제하는 정책을 폈다. 이러한 정책은 유교이데올로기를 표방하는 조선 국가의 입장에서 불교와 결합한 여성의 저항에 대한 회유와 배제의 이중적 태도를 보여준다. 부녀의 사찰 출입과 여승들의 존재는 조선시대 여성들이 '불교'라는 종교를 통해 유교 가부장제에 대해 집단적으로 저항하고, 유교적 규범의 압박을 벗어나려는 시도를 끊임없이 했다는 것을 보여준다.

숙종 30년에 사간원에서 말한 기록을 보면 여승들이 개별적으로 움직인 것이 아니라, 사찰을 중심으로 큰 무리를 이루어 조직적인 움직임을 보였던 것을 알 수 있다.

> "국조(國朝) 이래로 승니(僧尼)의 도성(都城) 출입을 금한 것은 음란하고 간사함을 징계하여 민속(民俗)을 바로잡으려는 것입니다. 일찍이 선왕조(先王朝)에서 특명(特命)으로 모든 여승(女僧)의 거처를 허물도록 한 것은 뜻한 바가 있는 것인데, 요즈음 이도(尼道 : 불교)가

다시 치성(熾盛)하여 열 명이나 백 명씩 떼를 지어 동교(東郊)의 멀지 않은 곳에 큰 집을 지으니, 금벽이 빛나고, 10리 안에 여섯 곳이 서로 바라보입니다. 그래서 그로부터 멀고 가까운 지역에 사는 민간의 부녀(婦女)로서 지아비를 배반하고 주인을 배반한 자와 일찍 과부가 되어 실행(失行)한 무리가 앞을 다투어 밀려들어 모여서 큰 무리가 되었는데, 간음(姦淫)을 행하며 간특(奸慝)한 짓을 하는 등 현혹시켜 어지럽히는 일이 한두 가지가 아닙니다. 경조(京兆)로 하여금 그 거처를 허물어 각각 갈 곳으로 돌려보내게 하여 그들을 사람답게 만들고 그 폐해를 고치소서." 하였으나, 모두 윤허하지 않았다.(『숙종실록』 권40, 30년 10월 28일(을미), 40집 117면)

이 기록에 따르면, 부녀들은 열 명 또는 백 명씩 떼를 지어 집을 짓고 이른바 지아비를 배반하고, 주인을 배반하고, 일찍 과부가 된 뒤 실행한 자들 곧 유교적 부부관계를 벗어난 여성들의 도피처가 되었음을 알 수 있다.

부녀들은 불교 사찰을 방문하는 것뿐 아니라 온천 여행을 함께 떠나기도 하고 국가에서 주최하는 행사를 구경하고, 스스로 놀이 행사를 주관하기도 했다. 앞에서 살펴본 『여계』의 내용 가운데 "웃고 노는 것을 멀리하라"는 내용이 들어 있는 것을 볼 수 있었는데, 그러한 경고에도 불구하고 조선의 여성들은 모임을 갖고, 그 곳에서 갖가지 놀이를 하고 춤추고 놀며 어울렸다. 온양 온천의 경우 재상과 사족의 부녀들에게 개방되었다.[17] 조선시대 사족의 부녀들이 온천 여행을 다니는 일은

17) 『성종실록』 권4, 1년 4월 17일(을축), 8집 489면.

흔한 일이었던 것 같다. 명종 18년에는 광주 땅에 솟은 냉천에 부녀들이 가마를 타고 일시에 몰려와 30여 채의 가마가 늘어서는 등의 일이 있어 화제가 되었다.[18] 가마를 타고 올 수 있었던 여성들은 꽤 지위가 높은 집안의 부녀들이었을 것이다.

재미있는 것은 그녀들은 개별적으로 조용히 움직이지 않고, 일시에 30여 채의 가마가 함께 몰려오는 방식으로 집단적으로 몰려다니며 유흥을 즐겼다는 것이다. 효종 10년에 사헌부에서는 "……지난번 사대부 집의 부녀들이 서로 모여서 남산(南山)으로 놀러다니기도 하고 삼청동(三淸洞)으로 놀러다니기도 했는가 하면 비구니 절을 두루 관람하기까지 하였다 합니다. ……"[19]라고 지적했다. 사대부집 부녀들은 개별적으로 조용히 남의 눈에 띄지 않게 외출한 것이 아니라 집단적으로 모여서 온천, 냉천에 목욕을 하러 다니고 남산, 삼청동으로 놀러다니고 비구니 사찰을 돌아다녔다. 이렇게 집단적으로 행동할 부녀들은 아마도 비슷한 지위의 여성들이었을 것이다. 조선시대 사대부가의 여성들은 규방 안에 갇혀 지낸 것만이 아니었던 것이다.

유교가 지배하는 사회, 곧 유교라는 질서와 규범에 맞게 살아가는 것이 문명화된 징표로 여겨지는 사회에서 여성들은 불교를 믿으며 불교식 제사를 지내고 불교 행사를 만들고 참여했다. 국가의 규제, 처벌이 이러한 문화적 흐름을 바꾸지 못했는데, 여성들은 불교 사찰에 가면서도 또 한편에서는 무속의 행사를 주관하고 향유해서 문제가 되었다.

18) 헌부가 아뢰기를, "광주(廣州) 땅에 논 가운데서 냉천(冷泉)이 솟아났으나 사람들은 별로 이상히 여기지 않았습니다. …… 지난달에는 부녀(婦女)들이 일시에 몰려와 가마[轎]의 수가 30여 채나 되었습니다. 원근의 인가(人家)에 들어가지 못하게 되자 전야(田野)에 노숙을 하면서 법석을 떨고 있다고 합니다. ……" (『명종실록』 권29, 18년 8월 4일(경술), 20집 657면).

19) 『효종실록』 권21, 10년 4월 18일(무신), 36집 190면.

무속은 '음사(淫祀)' 곧 음란하고 도리에 어긋난 제사라고 일컬어졌다.

> 사헌부에 전지하기를, "부녀(婦女)가 절에 가는 풍습은 어지간히 그쳤으나, 부녀가 음사(淫祠)에 나가는 일은 매우 많다 하니, 그것을 성내(城內)에서 엄하게 금하라" 고 하였다.[20]

> 정탁이 또 아뢰기를, "신(臣)이 일찍이 전라도 도사(全羅道都事)가 되어 본도(本道)의 풍속을 보니, 음사(淫祀)를 숭상하여, 금성산(錦城山)에 기도하는 자는 가까운 곳에서 사는 백성들뿐만이 아닙니다. 먼 곳의 사람이라 하더라도 양식을 지고 왕래하였으며, 사족(士族)의 부녀도 또한 처녀를 데리고 밤을 지내고 돌아갑니다."[21]

조선시대에 무당은 성 밖 멀리 떨어진 곳에 모여 살게 하여, 무당마을이라고 불러 구별하여 살게 했다. 그런데 그것이 현실에서 반드시 명확하게 구별될 수는 없는 것이었다. 세종대 사헌부에서 주장한 바에 따르면, 당시에 무당이 성 안에 섞여 들어와 지내고 양반의 부녀들이 때를 가리지 않고 왕래했다고 한다. 뿐만 아니라 부녀자들이 병이 나면, 무당 집에 가서 의지하는 일이 많았다.[22] 이에 금령(禁令)을 범한 부녀(婦女)가 만약 가장(家長)이 없으면 그 장자를, 그 장자(長子)가 없으면 차자(次子)를, 차자가 없으면 장손(長孫)을, 장손이 없으면 차손(次孫)을 죄주고, 만약 가장(家長)과 자손(子孫)이 없으면 부녀자

20) 「세종실록」 권52, 13년 6월 23일(을묘), 3집 327면.
21) 「성종실록」 권257, 22년 9월 13일(병술), 12집 94면.
22) 「세종실록」 권53, 13년 7월 17일(기묘), 3집 331면.

'자신'에게 죄를 줄 것임을 명확히 했다.[23)]

그런데 이른바 '음사'는 사족의 부녀에게 나름대로의 제사 또는 신앙행사이면서 동시에 하나의 놀이판이었다. 세종 13년에 대사헌 신개(申槩) 등이 상소한 내용을 읽어보자.

> "……지금 사대부의 부인이 귀신에게 혹(惑)하여, 산야(山野)의 음혼(淫昏)한 귀신을 제사하지 않음이 없습니다. 그 중에 송악산과 감악산(紺嶽山)에 섬기기를 더욱 극진히 하여, 매 봄과 가을이 되면 몸소 가서 제사하여 술과 반찬을 크게 베풀며, 귀신을 즐겁게 한다고 칭탁하여 풍악을 치고 즐기기를 극진히 하고, 밤을 지내고 돌아오면서 도로에서 자랑하고 떠벌리며, 광대와 무당이 앞뒤에서 난잡하게 말 위에서 풍악을 베풀어 방자하게 놀이를 행하여도, 그 남편이 금하지 않을 뿐 아니라 아무렇지도 않게 함께 하며, 이를 이상하게 여기지 않는 자가 이따금 있습니다. 부녀의 실덕(失德)이 이보다 큼이 없을 뿐만 아니라, 미혹하고 요사스러운 오랜 습관과 무당의 노래하고 춤추는 음란한 풍속을 장차 금할 수 없을 것이옵니다. 청컨대, 지금부터 중외의 명산과 신사(神祠)에 부녀들의 내왕을 엄하게 금하고, 만일 어기는 자가 있거든 『육전(六典)』에 의하여 실행(失行)으로 논하옵소서."[24)]

위의 기록은 대사헌의 입장에서 서술된 것이므로 부녀의 산천제에 대해 매우 부정적으로 묘사한 것이지만, 그러한 시선을 넘어 위의 기록을 음미해보면, 이른바 '음사'라는 것이 부녀가 중심이 된 유희의 장이

23) 『세종실록』 권101, 25년 8월 25일(정미), 4집 505면.
24) 『세종실록』 권52, 13년 6월 25일(정사), 3집 327면.

면서 퍼레이드였음을 짐작할 수 있다.

술과 반찬을 성대하게 베풀며 귀신을 즐겁게 한다 하지만, 그 자리에는 그 제사를 주관하는 여성과 네트워크를 가진 다른 여성들이 참여했을 것이다. 이 여성들은 어쩌면 모여서 온천에 가고, 남산이나 삼청동 계곡에서 함께 노는 그런 집단이었을 것이다. 그들은 봄과 가을, 가장 놀기 좋은 때에 산에 찾아가 풍악을 치고 밤새 즐기며, 그것에 그치지 않고 도로에서 자랑하고 떠벌렸다. 불사와 음사는 종교적인 행사이면서 동시에 관등놀이, 산과 계곡을 오가며 구경하고 잔치하는 여성들만의 축제였다.

이에 세종 13년에 음사를 벌인 여성은 곧 실행한 것과 같다고 선언했지만, 세종 31년에 사간원에서 힘써 권장해야 할 일 중의 하나로 여전히 음사를 막는 문제를 거론한 것을 볼 수 있다.

> 부인은 바깥 일이 없는데, 지금 지방 양반의 부녀가 혹은 향도(香徒)를 칭탁하고 혹은 신사(神祀)를 칭탁하여, 각각 술과 고기를 가지고 공공연히 모여서 마음대로 오락을 방자히 하여 풍속 교화를 더럽히고 있습니다.[25]

'바깥 일'이 없기를 바라는 남성 지배자들의 바람을 위반하고, 지방 양반의 부녀들은 술과 고기를 가지고 공공연히 모여서 오락을 하며, 이른바 유교 국가가 여성에게 가르치고자 한 이른바 '바른 풍속을 향한 교화' 과정을 더럽혔다. 이러한 여성들의 생활과 놀이 문화는 조선

25) 『세종실록』 123, 31년 1월 22일(계묘), 5집 111면.

시대 남성 지배자들에 의해 규제되어 자연스럽게 또는 저절로 서서히 사라진 것이 아니었다. 금지를 하고자 하는 유교에 바탕을 둔 남성 지배자들과 그 금지를 '공공연하게' 무시한 양반 부녀자들의 오랜 줄다리기가 있었던 것이다.

조선시대 규방 여성의 삶은 양반 남성에 의해, 위로부터 부과된 규제들의 영향을 받지만 그것에 은밀하게 또는 노골적으로 맞서고 대응해온 역사를 감추고 있기도 하다. 국가와 양반 남성의 규제가 규방 여성들의 욕망과 생활을 바꾸는 과정은 매끄럽고 단선적인 것이 아니었다. 조선왕조의 규방 여성에 대한 규제는 그녀들을 바꾸기도 하고, 바꾸지 못하기도 했다. 남성들의 여성에 대한 통제는 쉽게 이루어지지 않았고, 때로는 그 의도와는 다른 결과를 낳기도 했다. 그것은 당시 규방 여성들이 그들의 생활 방식을 유지하고, 욕망을 표출하고자 하는 의지를 갖고 있었기에 가능한 것이었다. 규방은 단순히 양반 여성을 격리시킨 유폐의 공간이지만, 여성들만의 문화가 만들어지고 소통되는 여성들의 장이기도 했다. 그리고 규방 여성들은 그곳에 머물지 않고, 산과 계곡에서 그들만의 목소리로 그들만의 이야기를 만들었던 것이다. 이렇듯 공식적으로 인정되지 않은 영역에서 여성들은 모이고 함께 놀고 또 그녀들의 목소리를 나누었던 역사가 있었다. 조선시대 여성들도 숨죽이고 움츠리며 살기만 한 것이 아니라 자신의 뜻과 역량을 펼치고자 다양한 행위성을 발휘했던 것이 아닐까.

4. 조선시대 여성 리더 다시 보기 : 강빈의 사례

조선시대 여성들의 행위성을 이야기하기 위해서는 그 여성들이 결코 움츠린 채 사회 규범에 맞게 살았던 것만이 아니라는 점과 동시에, 당대 사회 규범으로부터 완전히 자유로울 수도 없었다는 점을 고려해야 한다. 남성들의 지배질서를 흔들면서 두드러지게 자신의 역량을 발휘하고자 하고 실행에 옮긴 여성의 경우 마침내 쫓겨나거나 죽임을 당하는 경우가 많았다. 바람직한 여성의 규범을 따르는 것은 대부분의 조선시대 양반 정실부인, 또는 왕실 여성들에게 생존을 위한 생애전략이었을 것이다. 그 생애전략을 구사하는 것은 언제나 아슬아슬한 줄타기였다. 총명하고 지혜롭고 덕을 갖춘 여성들이 그 덕을 베풀고 능력을 발휘하면서도 권력을 획득하거나 공적인 영향력을 갖지 않을 정도로만 그 파장을 제한하는 것은 쉽지 않은 일이었다. 그 줄타기에서 몸을 조금만 잘못 가누어도 아득한 땅으로 떨어져 죽게 되는 것. 총명하고 지혜롭고 덕을 가진 조선시대 여성에게 부과된 경계선은 너무 좁았다.

앞에서 살펴본 정희왕후에 대한 칭송 내용을 보면, "순박하고 조심스러우면서 말이 적은 것" 이 왕실에 시집 온 여성이 갖추어야 할 덕목으로 이야기되었던 것을 알 수 있다. 여성 스스로가 정치에 개입하거나 나서는 것에 대해 조선의 남성들은 경계심을 갖고 있었다. 이러한 시대에 새로운 문물을 먼저 접하고 변화하는 세상에 대한 정보와 현실판단을 바탕으로 적극적으로 정치에 개입하고자 했던 한 여성이 있었다. 시아버지인 인조에 의해 자신과 그 가족 및 자식까지 죽게 되었던 소현세자의 부인, 강빈이다. 청나라에 인질로 가게 된 소현세자를 따라간 강빈의 삶과 죽음은 조선시대 여성에게 부과된 좁은 경계선을 넘나든 지배층 여성의 꿈과 좌절, 그리고 그 여성이 역사 속에서 어떻게 매장되고 사라졌는지를 잘 보여준다.

하지만 강빈에 대한 기록은 많지 않다. 남아 있는 기록도 그녀의 시아버지였던 인조의 목소리, 그리고 인조에게 그녀를 죽이지 말 것을 청하는 신료들의 조심스러운 간청만 남아 있는 『조선왕조실록』 기사가 대부분이다. 비록 강빈 자신의 목소리는 남아 있지 않지만, 그녀에 대한 기사의 깊숙한 이면을 들여다보면, 다만 시아버지에게 대든 버릇없는 며느리가 아닌 새로운 변화를 읽어내고 그에 부응하여 사회를 개혁하고자 노력한 한 여성 리더, 강빈의 리더십과 그가 꿈꾼 세상의 흔적을 읽어볼 수 있다.

1) 강빈과 청나라 생활

소현세자의 부인 강빈은 『조선왕조실록』 공식 기록에 시아버지 인조에게 도전한 불손한 며느리로 묘사되어 있다. 1646년 3월 15일 인조는 며느리인 강빈에게 사약을 내렸다. 이유는 강빈이 인조 자신의 음식에 독약을 넣었으며 심양(瀋陽)에 있을 때 조선의 왕위를 바꾸려는 음모를 꾸몄다는 것이었다. 그리고 그녀는 훗날 그 이름을 말할 수 없는 금기의 인물이 되었다.

> 또 비망기(備忘記)를 내리기를, "강빈이 심양에 있을 때 은밀히 왕위를 바꾸려고 도모하면서〔갑신년 봄에 청나라 사람이 소현세자와 빈을 보내주었는데, 그때 내간에서 혹 말하기를 "강빈이 은밀히 청나라 사람과 도모하여 장차 왕위를 교체하는 조처가 있을 것이다." 하였다. 상(인조)이 이를 듣고 매우 미워하였다. 그러나 외부 사람은 모르고 있었다.〕

미리 홍금 적의(紅錦翟衣)를 만들어놓고 내전(內殿)의 칭호를 외람되이 사용하였으며〔세자가 심양에 있을 때 시종들이 세자를 동전(東殿)으로 불렀고 강빈을 빈전(嬪殿)으로 불렀는데, 대개 저들이 보고 듣게 하기 위한 것이었지 세자와 빈이 스스로 부른 것은 아니었다. 진신들 사이에서도 간혹 이렇게 부르기도 하였다.〕 지난해 가을에 매우 가까운 곳에 와서 분한 마음으로 인해 시끄럽게 성내는가 하면 사람을 보내 문안하는 예까지도 폐한 지가 이미 여러 날이 되었다. 이런 짓도 하는데 어떤 짓인들 못하겠는가. 이것으로 미루어 헤아려본다면 흉한 물건을 파묻고 독을 넣은 것은 모두 다른 사람이 한 것이 아니다. 예로부터 난신적자(亂臣賊子)가 어느 시대나 없었겠는가마는 그 흉악함이 이 역적처럼 극심한 자는 없었다. 군부(君父)를 해치고자 하는 자는 천지의 사이에서 하루도 목숨을 부지하게 할 수 없으니, 해당 부서로 하여금 율문을 상고해 품의하여 처리하게 하라." 하였는데, 김류 등이 놀라 서로 돌아보면서 대답할 바를 몰랐다.(『인조실록』 47, 24년 2월 3일(경진), 35집 256면)

인조의 목소리를 통해 전해지는, 공식 역사 속에 기록된 그녀는 여성 리더로 인식하기에는 너무도 극악무도하고 흉악한 역적일 뿐이다. 그러나 『인조실록』 기록자는 인조의 말 사이에 자신의 의견을 넣어서, 인조의 말 속에 숨은 맥락을 보여준다. 그 속에서 강빈의 입장을 헤아려볼 수 있다. 그녀는 독특하게도 소현세자와 함께 청나라에 인질로 가게 되어 심양에서 생활하게 되었다. 1636년 12월에 청은 조선을 공격했고, 조선은 명과의 관계를 끊고 청나라와 군신의 의를 맺으며 왕자를 인질로 보내는 조건으로 청에 항복했다. 이에 소현세자와 세자빈 강씨,

봉림대군 등 관원 180여 명이 인질로 끌려가 심양 생활을 시작하게 되었다. 심양 생활은 고생스러운 것이었지만, 소현세자와 강빈으로서는 조선왕실의 규제에서 벗어나 독자적인 생활을 누릴 수 있는 기회를 얻은 것이기도 했다. 강빈은 심양에서 생활하면서 왕실의 상하 관계에 얽매이지 않는 자유로움을 누렸고, 10년 간 심양에 살면서 왕실의 여러 제약을 벗어나 바깥에서 들어온 새로운 문화의 혜택을 누렸다.

강빈과 소현세자는 황무지 개간과 상업활동을 통해 경제적인 부까지 축적했다. 강빈은 심양에서 돌아올 때 진귀한 물건을 수백 바리 싣고 왔으며, 소현세자도 돌아오면서 가지고 온 곡식이 많아 그 처리 문제가 조정에서 논란이 되었다. 강빈에 대한 탄핵 사유 중에는 청에서 가져온 진귀한 금옥으로 사람들을 꾀어 자기편으로 했다는 내용이 들어 있을 정도였다.

조선시대 여성들은 바깥 활동에 많은 제약을 받았다. 왕실에 시집가서 왕비가 되거나, 궁녀, 의녀가 되는 것 말고는 어떤 공적인 영역에서 능력을 펼치는 것이 제한되어 있었다. 하지만 여성들은 '집안을 일으키는' 데 많은 역할을 할 것이 요구되었다. 집안을 일으킨다는 것은 곧 근검절약하여 재산을 잘 관리하고, 재산을 증식한다는 것을 의미했다. 여성에게 활동의 공간이 적은 상황에서, 조선 여성들이 자신이 가진 능력을 발휘할 수 있는 영역은 어쩌면 재산 증식, 곧 경제활동이었던 것은 아닐까. 이런 점에서 조선시대에 소현세자빈 강씨가 무역활동에서 재산을 증식한 것이나, 제주도 기생 만덕이 장사를 하여 많은 이득을 남긴 것과 같은 사례들이 흥미롭다. 조선시대에 여성 무역가, 사업가가 되는 것은 정치 활동, 관원이 되는 길 등이 차단된 상황에서 여성들이 능력을 발휘할 수 있는 유일한 길이었던 것이 아닐까.

하지만 이러한 능력을 가진 여성은 언제나 기존 질서에 대해 '위협적' 인 존재였다. 만덕의 경우, 어쩌면 자신이 얼마나 위협적인 존재일 수 있는가를 잘 알았던 것인지도 모른다. 그녀가 자신의 재산을 굶주린 백성을 위해 기부하고, 또 그것에 대한 대가로 원하는 일을 들어주겠다는 왕에게 관직을 요구하지 않고 '금강산 구경이나 시켜달라' 고 했던 것도 어쩌면 그 위험성을 흐릿하게 하려는 그녀의 현명한 선택이었을 수 있다. 하지만 강빈은 그 자신이 이미 소현세자, 머지않아 왕이 될 사람의 부인이라는 자리에 있었기 때문에 그가 가진 능력은 자신이 통제할 수 있는 범위를 넘어 이미 '위험한' 것이었다.

인조는 강빈을 자신의 자리를 위협하는 존재로 인식하게 되었다. 1643년에 심양에 머물던 세자가 잠시 서울에 다녀간다는 소식에 매우 불안해하던 인조는 "지금 들으니 (청인들이 말하길) 구왕(九王)은 연소하고 배짱이 강하다 하니 그 뜻을 어찌 헤아릴 수 있겠는가. 전에는 저들이 세자를 대우하기를 심히 박하게 하였는데 지금은 지나치게 후하게 한다 하니 내가 의심하지 않을 수 없다" 고 하여 아들인 소현세자를 의심했다. 인조는 호란 이후 늘 청의 의지에 따라 자신의 왕위가 변화될 수도 있다는 불안 속에 살고 있었다. 1644년 봄에 세자와 세자빈이 잠도역위(潛圖易位), 곧 청을 움직여 스스로 왕위에 오르고자 한다는 음모설이 궁중에 전파되었다. 한편, 인조의 말을 통해 청나라가 처음에는 소현세자에 대한 대우를 소홀하게 했지만, 1643년에 이르러 '지나치게 후하게 한다' 고 말해질 정도로 그 대우가 달라졌다는 것을 알 수 있다. 인조의 노파심에서 나온 말이라고 하지만, 청나라에서 소현세자에 대한 대우가 달라진 데에는 그만큼 소현세자와 강빈의 심양 생활이 성공적이었다는 것, 곧 그들이 청이라는 매우 현실적이며 새로운 힘을 정확히 인식하고 관계맺기에 성공했음을 알려주는 것이 아닐까.

소현세자는 1644년, 청이 북경을 점령하여 실질적으로 명이 멸망하게 되자, 1645년 1월에 귀국하였다. 하지만 인조는 세자의 귀환을 반기지 않았고 세자는 귀국한 뒤 두 달이 조금 지나 사망했다. 소현세자의 죽음을 둘러싸고 당대에도 많은 의문이 제기되었지만, 인조는 소현세자의 아들이 아닌 봉림대군을 서둘러 세자로 책봉했다. 그리고 1646년 3월 15일에 강빈에게 사약을 내린 것이다. 그녀의 세 아들은 12세, 8세, 4세의 어린 나이로 모두 제주로 유배되어 그 중 둘은 그곳에서 의문의 죽음을 당했다. 그런데 강빈에 대한 옥사의 전개과정을 보면, 몇 가지 사건들이 있었지만 그중 명확하게 근거가 드러난 사건은 하나도 없었다.

하지만 인조가 강빈을 위협적인 존재로 인식하게 되는 데는 그럴 만한 이유가 있다고 생각된다. 정치적, 경제적 배경을 바탕으로 하여 강빈은 실제 정치에 직접 간여했던 것으로 보인다. 강빈의 적대 세력이었던 김자점은 강빈이 심관(瀋館)에서 본국 조정으로 가는 문서들을 검열하기도 했다고 비난했다.[26] 이를 모함이라고 할 수도 있지만, 심양에서 청나라와 관계를 맺고 청과 조선 사이의 사무를 처리하고 기타 정치, 군사적 문제를 처리하는 데 강빈은 소현세자보다 더 주도적인 역할을 했을 가능성이 있다. 그녀는 단순하게 인조에게 희생된 희생양만은 아니었다. 남편인 소현세자가 죽은 뒤에 그녀는 강하게 저항했다. 또 그녀의 죽음을 저지하기 위해 수많은 관원들이 목숨과 벼슬자리를 내어놓

26) 세자가 그곳에 있을 때나 혹은 나가서 사냥을 할 때에 강원(講院)에서 장계를 올리면 강씨가 반드시 들여다보고 가필하기도 하고 삭제하기도 했으니 어찌 부인이 바깥일을 간여함이 이와 같을 수 있습니까.

으며 왕에게 간청했던 것에서 그녀의 '존재감'을 짐작할 수 있다.

2) 기존 권위에 대한 도전

강빈은 처음 궁궐에 들어올 때 집안 배경이 화려하거나 특출한 경우가 아니었다. 강빈이 청나라라는 낯선 곳에 가서 성공적인 적응을 할 수 있었던 것은 오히려 그녀가 조선의 지배 질서로부터 조금은 자유로울 수 있었기 때문으로 생각된다. 강빈은 새롭게 중원 땅의 지배자가 된 청나라를 인정하고 청과의 관계 개선을 통해 조선도 새로운 역사를 열어갈 수 있다고 생각하는 사람들과 입장을 같이했다.

조선은 1590년대에 시작해서 반세기 동안 극동 지역을 휩쓴 정치적 소용돌이, 힘의 재편성에 깊은 영향을 받고 있는 상황이었다. 1592년과 1597년에 있었던 일본의 침략과 1627년과 1636년 만주의 공격 곧 병자호란은 세계와 자기에 대한 조선의 인식 근거에 대한 도전이었다. 특히 명의 몰락과 1644년 만주의 중국 침략 결과로 나타난 만주의 우세함은 단지 한 왕조에서 다른 왕조로 변화된 것이 아니라 문자 그대로 문명화된 세계의 중심을 야만이 정복한 것으로 인식되었다. 당시 인조를 중심으로 한 조정 세력들은 명이라는 문명국가를 조선이 어떻게 계승할 것인가를 고민했고, 그것의 성공적인 수행 여부가 당시 조선 지배세력의 기득권을 유지하는 문제와 직결되어 있는 상황이었다. 만일, 명을 포기하고 청나라를 야만족, 오랑캐가 아닌 중원의 새로운 지배세력으로 인정하는 순간, 그것은 청을 중심으로 한 새로운 권력 개편을 용인하게 되는 것이고 곧 인조를 중심으로 한 지배 집단의 몰락을 의미하는 것일 수 있었다.[27)]

심양에서 생활하면서 새롭게 등장한 청이라는 나라를 오랑캐가 아닌 중국의 새로운 국가로 인정해야 한다는 입장에 있던 강빈은 망한 명나라의 그늘 속에서 조선의 정체성을 유지하려고 하는 기존 지배집단과 충돌할 수밖에 없었다. 이러한 충돌은 시아버지 인조에 대한 도전이었다. 인조와 강빈은 변화한 세상에 대한 태도와 입장이 달랐기에 화합할 수 없는 관계였다. 인조는 '며느리'인 강빈의 '시아버지'인 자신에 대한 도전을 인정할 수 없었다.

> "강빈이 심양에 있을 때에 비밀히 왕후의 자리를 바꿀 것을 도모하여, 붉은 비단으로 왕후의 옷을 미리 만들고 내전이라는 칭호를 버젓이 참람되게 일컬었으며, 지난해 가을 분하고 노여움을 타서 내 거처 가까운 곳에 와 있으면서 큰소리로 발악하고 아랫사람으로 문안하는 것까지도 여러 날을 폐했으니, 이 일을 차마 할 수 있다면 무슨 일을 차마 못한단 말인가." (『인조실록』 47, 24년 2월 3일(경진), 35집 256면)

어쩌면 강빈의 행적은 조선왕조실록 기록 속에서 시아버지인 인조의 말을 통해 드러난다. 인조가 가장 견딜 수 없었던 것은 강빈이 단순하게 시아버지인 자신에게 불손할 뿐 아니라, 그것이 '임금을 임금으로 알지 않는 마음'에서 기인한 것이라는 데 있었다.

> 밤에 김자점 · 구인후 · 홍진도(洪振道)를 불러들여 누누이 전교하기를, "강씨가 젊었을 때에는 별로 불순한 일이 없더니 심양에서 나온

27) 명의 몰락과 청의 등장이 조선에 가져온 변화에 대한 이러한 분석은 「Jahyun Kim Haboush, Constructing the Center : The Ritual Controversy and the Search for a New Identity in Seventeenth-Century Korea」(*Culture and the State in Late Choson Korea*, Harvard University Press, 1999)를 참조했다.

뒤로부터 인사가 판이하게 달라졌다. 그가 심양에 있을 때의 행동은 어떠했는지 알 수 없으나, 지난해 나왔을 때에 제 아버지의 궤연에 가보려 하는 것을 허락하지 않았더니, 그 때문에 자못 불순한 뜻이 있었다. 아주 돌아와서부터는 양양자득한 기상이 점점 더하였다. 지난 가을에 여종 몇 사람이 죄로 인해 내쫓기자 나의 거처 가까이에 와서 큰소리로 발악하고 심지어 통곡까지 하였다. 그러더니 그날 밤부터 문안하지 않는 것뿐만 아니라, 사람을 시켜 문안하는 것마저 전폐해버렸다. 어버이에게 대해서 분한 마음을 품는 것이 이렇듯 해괴할 수가 있단 말이냐. 전에 심적(沈賊)이 임금을 임금으로 알지 않는 마음이 있더니 감히 임금을 업신여기는 뜻이 생겼다. 강(姜)이 또한 임금을 임금으로 알지 않는 마음이 이와 같다."(『연려실기술』 제27권, 인조조 고사본말(仁祖朝故事本末) 강빈의 옥사)

한편 『현종실록』에는 강빈과 시아버지의 갈등이 다음과 같은 내용으로 전해지기도 했다.

송시열이 아뢰기를, "강빈(姜嬪)의 옥사(獄事)에 대해서 지금까지 인심이 평정되지 않고 있는데 상께서는 어떻게 생각하고 계십니까?" 하니, 상이 이르기를, "매양 경과 함께 이에 대해 이야기하고자 했으나 틈이 없어 하지 못했다. 강빈의 악행을 어찌 한 입으로 다 말할 수 있겠는가. 단지 한 가지 일을 가지고 말하겠으니, 경은 일단 들어보라. 자식을 사랑하는 마음은 비록 금수라도 있게 마련이다. 소현(昭顯)의 상을 당했을 때 대조(大朝)께서 애통해 하면서 그를 책망하기를 '이는 밤에 잠자리를 삼가지 않은 소치이다.' 하셨는데, 강빈이 발악하기를 '아무 달

이후에는 서로 가까이하지 않았다.' 하였다. 그 후 자식을 낳고서는 서로 가까이하지 않았다는 말을 실증하고자 즉시 스스로 죽여서 감추었다. 그 성질이 이와 같으니 역모한 것이 괴이할 게 뭐 있는가. 또 역모한 형상은 안에서나 알 뿐이지 밖의 사람이 어찌 알겠는가. 그 일이 낭자하여 완전히 의심이 없는데 밖의 사람들은 지금까지도 억울하다고 여기니, 내가 실로 마음이 아프다." 하자, 시열이 대답하기를, "그 역모한 자취를 밖에서는 참으로 모릅니다. 그러나 신처럼 어리석은 자도 의심이 없을 수 없습니다." (『현종개수실록』 1, 원년 9월 5일(계해) 37집 122면)

위의 기록에서 현종이 강빈의 악행을 묘사한 대목을 볼 수 있다. 소현세자가 사망한 뒤에 인조는 그 며느리인 강빈에게 "잠자리를 삼가지 않은 까닭"이라고 힐난했다고 한다. 이에 대해 강빈은 '발악'하면서 잠자리를 하지 않았다고 항변했다고 한다. 이에 대해 현종은 강빈이 잠자리를 하지 않은 것을 증명하기 위해 낳은 아이를 죽였다고 하면서, 강빈의 '발악'을 강조했다. 그런데 송시열은 그러한 말에 의심스러운 대목이 있다고 말을 받았다. 송시열에 보기에 인조와 강빈의 갈등은 단순히 시아버지와 며느리의 문제로 축소될 수 없는 것이었다. 강빈과 인조는 며느리와 시아버지 관계가 아니라, 청이 명을 정복하고 새로운 국가로 중국에 자리잡은 세계질서의 변화에 대한 서로 다른 입장을 대표하여 대립하고 있었다. 위의 기록에 따르면, 강빈의 죽음에 대해 당시 사람들 그리고 후대 사람들조차도 '억울하다'고 여겼다고 한다. 강빈의 발악에도 불구하고, 그녀는 시아버지에게 대든 며느리가 아니라 수많은 사람들이 그 죽음을 억울한 것으로 여기는 존재로 기억되고 있었던 것이다.

3) 강빈을 지지하는 사람들

시아버지 인조에 대한 강빈의 분노에는 인조의 총애를 받은 후궁 숙원(淑媛) 조씨가 강빈을 모함하여 강빈의 궁인 등을 제거하는 등의 사건이 있었다. 인조 23년 7월의 기록을 보면, 당시 궁중에서 활약하던 '궁인 애란'을 만나게 된다.

> 궁인(宮人) 애란(愛蘭)은 궁중의 고사(故事)에 밝고 익숙했으므로 상 및 중전과 세자궁이 모두 그를 신임하였다. 그 후 조 숙원(趙淑媛)이 처음 궁중에 들어왔을 때 애란이 또한 궁중의 일을 주관하였으므로, 그와 모자(母子) 사이같이 친하였다. 그런데 조씨가 상의 총애를 받음에 이르러서는 강빈(姜嬪)과 서로 불화하게 되자, 상이 애란에게 명하여 세자 궁중을 감시하게 하였다. 그러나 애란이 강빈의 신임을 받으므로, 이 때문에 조씨가 강빈을 매우 미워하여 항상 그를 중상모략하려 하였으나 적절한 기회를 얻지 못했다. 그러다가 소현세자가 죽은 뒤에 어떤 요망스런 무당이 말하기를 "세자가 북경서 올 때에 금수(錦繡)를 많이 구입해왔는데, 이 물건이 빌미가 되어 흉화를 당하게 된 것이니, 이것들을 빨리 물에 띄워버리거나 불에 태워서 신(神)에게 사죄해야 한다. 그렇지 않으면 흉화가 또 그치지 않을 것이다." 하였다. 애란이 이 말을 듣고 강빈에게 고하자, 강빈은 그 말을 믿고 그 금수(錦繡)를 모조리 찾아내어 애란에게 주면서 무당의 말과 같이 하도록 하였다. 그리하여 애란이 이것을 자기 방에 두고 막 그 숫자를 검사하고 있던 차에, 조씨가 그 말을 듣고는 다른 일을 핑계삼아 애란의 방을 찾아가 마치 우연히 지나다 들른 것처럼 하고서, 애란과 함께 그 숫자를 검사하는 척하다가 갑자기 일부러 방바닥에 쓰러졌다. 그리하여 궁중이 크게 놀라 약을 구하느라

분주하였다. 상이 놀라 그 연유를 힐문하자, 시녀(侍女)가 사실대로 아뢰니, 상이 크게 노하여 이르기를 "애란이 감히 요망한 무당과 서로 통했단 말이냐." 하고는 애란을 내옥(內獄)에 내려 국문하고 마침내 절도(絶島)에 귀양보냈다.[28)]

애란은 당시 궁인 가운데 궁궐 사정에 밝고 왕, 중전과 세자빈 등 궁궐의 세력 있는 사람들 모두가 그를 신임했다고 한다. 어쩌면 '애란'은 기억되지 못한 궁궐의 실세, 여성 리더였을 수 있다. 그런 그녀를 사이에 두고 왕의 총애를 받는 조숙원과 강빈이 일종의 경쟁을 했던 것 같다. 애란은 조숙원과도 가깝지만 강빈의 총애를 받는 상황이었다. 하지만 애란은 강빈의 사람이었다. 강빈이 위험에 처할 것을 알고 그것을 미리 막기 위해 조치를 취하다가 조숙원의 계략에 빠져 귀양을 가게 된다.

이후에도 인조는 강빈의 궁녀 두 사람을 옥에 가두고[29)] 궁인(宮人) 정렬(貞烈)·계일(戒一)·애향(愛香)·난옥(難玉)·향이(香伊)·천이(賤伊)·일녀(一女)·해미(奚美) 등을 내사옥(內司獄)에 하옥하고 내환(內宦)으로 하여금 국문하게 하는 등 강빈의 측근인 궁인들을 가두고 고문했다.[30)] 하지만 이들 궁인들은 끝까지 강빈과의 의리를 지켰다. 이에 대해 『인조실록』에서는 "정렬·유덕·계일·향이·천이·난옥·일녀는 다 자복하지 않았고 난옥은 먼저 죽었다. 정

28) 『인조실록』 권46, 23년 7월 22일(신미), 35집 235면.
29) 『인조실록』 권46, 23년 8월 20일(기해), 35집 237면.
30) 정렬 등 다섯 사람은 빈궁의 나인이고 천이 등 세 사람은 어주(御廚)의 나인이라고 되어 있다(『인조실록』 권47, 24년 1월 3일(신해), 35집 255면).

렬과 유덕은 강빈이 신임하는 자들이기 때문에, 서로 내통하여 독을 넣은 상황을 심문하면서 압슬(壓膝)과 낙형(烙刑)을 가했으나 끝내 자복하지 않고 죽었다. 드디어 국청을 파하고 연루된 세 사람을 석방했다"[31]고 전하고 있다. 많은 음모와 배신이 있는 궁궐 안에서 강빈은 궁녀들과 끈끈한 우애를 쌓으며, 그녀들에 대한 리더십을 발휘했던 것이 아닐까.

이러한 강빈의 정치력은 그녀를 죽이려는 인조의 결정에 대해 수많은 조정 대신들이 반대하는 과정을 통해 엿볼 수 있다.

> 5일에 정원에서 아뢰기를, "이제 이 막중한 변고를 처리하는 일은 반드시 대신들과 상의해서 처리해야 할 것입니다. 그런데 대신들이 모두 물러가서 계사의 비답이 내리지 않았다 하여 감히 들어오지 못합니다. (중략) 고금 천하에 제 시아버지를 죽이려 하는 자가 어디 있었으며, 이를 대신과 육경들이 서로 이끌고 들어와서 변명하고 구한 일은 어디 있었으며, 임금의 재결을 기다리지 않고 궐문 밖으로 나가는 행동이 또 어찌 있을 수 있단 말인가. 공경들이 나를 보기를 어린아이 대하듯 하니 내 몹시 부끄럽고 두렵노라." 하였다. 또 전교하기를, "백성이 그 며느리가 불효하다고 소장을 관부에 바치면 관사에서 곧장 죄를 다스리는가. 사실을 캐내고 밝힌 다음에 죄를 다스리는가. 불효한 사람을 듣는 자가 미워하는가. 괴상히 여기지 않는가. 그 중에도 세력이 있는 자이면 변명하고 구원해서 석방하는가." 하였다.(『연려실기술』 제27권, 인조조 고사본말(仁祖朝故事本末) 강빈의 옥사)

31) 『인조실록』 권47, 24년 1월 3일(신해), 35집 255면.

위에 따르면 대신과 육경들이 서로 이끌고 와서 변명하고 구하였다고 되어 있다. 뿐만 아니라 『연려실기술』 기록에는 대사헌 홍무적(洪茂績), 집의 김시번(金時蕃), 장령 임선백(任善伯), 지평 조한영 · 이태연(李泰淵), 부제학 이기조, 옥당 민응협(閔應協) · 강백년(姜栢年) · 남선(南銑) · 엄정구(嚴鼎耈) · 유경창(柳慶昌), 사헌부의 남노성 · 박안제(朴安悌), 정원 심로 · 김휘 · 강호 등등 수많은 대신들이 강빈을 죽이지 말 것을 요청한 내용을 볼 수 있다. 빈의 경우 단순히 시아버지에게 복종하지 않은 며느리였던 것이 아니었다. 당대 고위층 관료들이 자신의 자리를 내놓으며 그 죽음을 막으려고 했던 데서 강빈이라는 여성이 명청 교체기의 혼란을 해결할 수 있는 새로운 비전을 가진 정치적 리더였음을 짐작할 수 있다.

이러한 조정 대신들의 지지에 대해 인조는 "강씨는 금과 비단이 많아서 남의 아들 있는 사람과 행실이 좋지 못한 계집들을 잘 꾀어내어 사람들이 모두 그를 두려워하고 아껴주니 어찌 다만 저의 무리를 옹호하는 것뿐이겠느냐. (중략) 강씨의 권세가 중하니 시속 사람들의 뜻을 또한 생각할 수 있도다"라고 설명하고 있다. 강빈의 권력에 대해 인조는 단지 금과 비단으로 불량한 계집을 꼬여내었기 때문이라고 설명했지만, 한편으로는 "사람들이 모두 그를 두려워하고 아껴준다, 강빈의 권세가 중하다"는 표현을 통해 강빈이 당시 지배층 남성, 여성의 폭넓은 지지를 얻고 있었음을 보여주었다. 심지어 당시 대사헌이던 홍무적은 "무릇 사람은 노한 끝에 일을 과도하게 하는 경우가 많습니다만 강빈을 능히 폐하기는 할지라도 죽여서는 안 될 것입니다. 전하께서 기어이 강빈을 죽이시려 하시거든 먼저 신을 죽이신 뒤에 죽이시고 제 벼슬도 갈아주소서"[32]라고 하여 왕의 노여움을 샀다.

이러한 강빈의 정치력은 인조가 그녀를 제거하게 되는 가장 중요한 이유였다. 『인조실록』 여러 곳에서 "대신들이 강빈을 비호하자 한편 노여워하고 한편 의심하였다"[33]는 내용을 찾을 수 있다. 또 다음 기록을 참고해보면, 심양 생활 이후 강빈의 태도가 바뀐 것에 대해 왕은 그 무리들이 도왔기 때문이라고 분명하게 거론한 것을 볼 수 있다.

> "강(姜)이 또한 임금을 임금으로 알지 않는 마음이 이와 같다. 지금 임금을 업신여기는 뜻이 있는 것은 마음속에 믿는 데가 있고 또 그 무리들이 도와서 그렇게 된 것이다. 오늘 일로써 보면 과연 그러하도다. 심지어 그를 위해 죽으려고 한 자도 있다. 그가 심양에서 올 때에 금과 비단을 많이 가져온 것은 외정(外庭)의 여러 신하들도 모두 아는 바인데, 이것을 흩어준다면 무슨 일을 하지 못하겠는가. 내가 그를 제거하고자 하는 것은 후환을 없애기 위함인데, 여러 사람들이 그를 구호하기를 저번 영창(永昌)을 구호한 것과 같이하니 진실로 괴이한 일이로다. 훗날에 만일 변고가 있고 보면 지금 그를 구원하는 자들이 살기를 바라겠는가. 그의 죄가 그와 같은데도 옹호함이 이와 같으니 강석기의 딸은 죽일 수 없겠구나." 하였다.(『연려실기술』 제27권, 인조조 고사본말(仁祖朝故事本末) 강빈의 옥사)

심지어는 처음에는 죽일 의사가 아니었다고 한다. 위의 기록에는 인조가 사람들이 강빈을 아끼는 것을 보고 후환을 우려하여 죽이기로 결심하는 과정이 기록되어 있다.

32) 『인조실록』 권47, 24년 2월 7일(갑신), 35집 259면.
33) 『인조실록』 권47, 24년 2월 5일(임오), 35집 257면.

12일에 전교하기를, "강(姜)의 죄가 가득 찼는데 사람들이 모두 두려워하고 아끼니 인심이 여기에 이를 줄은 알지 못했도다. 당초에 전교에서 율법에 따라 처리하라고 말한 것은 그 뜻이 분수와 의리를 엄하게 하려는 것이지 사람을 죽이려 한 것이 아닌데 이것을 가지고 말을 고집하니 또한 이상한 일이 아닌가. 만일 이 일을 소홀히 하다가 변고가 생겨 일이 불측한 지경에 이르고 보면 비록 뉘우쳐도 미치지 못할 것이다. 강을 폐출하여 사사한다는 뜻을 양사에 말하라." 하였다.(위와 같음)

강빈이 심양에서 구체적으로 어떤 활동을 했는지에 대해 자세히 알 수 있는 길은 없다. 그녀가 어떻게 해서 조선왕조 대신들의 마음을 사로잡았는지에 대해서도 알 수 없다.

다만, 그녀의 흔적은 인조의 분노한 마음을 통해 역으로 추정될 뿐이며, 수많은 대신들이 그녀의 죽음을 반대했다는 점에서 그녀의 죽음이 인심을 좌우할 만한 중요한 문제였음을 알 수 있을 뿐이다. 이러한 정황은 현종 때 송시열과 현종이 나눈 대화를 통해서 명확하게 드러난다.

신(송시열)이 일찍이 그 당시 선왕의 전교를 기억하는데, 이르시기를 '흉한 물건을 묻고 독을 넣은 것은 필시 이 사람의 소행일 것이다'라고 하셨는데, 대체로 '필시'란 두 글자는 분명하지 못한 것을 억지로 단정하는 말입니다. 어찌 분명하지 못한 일로써 대역(大逆)이라고 사람을 죽였는데 사람들이 억울하다고 하지 않을 수가 있겠습니까. (중략) 상이 가만히 한참 있다가 이르기를, "이는 내가 생각하지 못하였는데 과연 경의 말과 같겠다. 그러나 역모는 참으로 의심이 없다." 하니, 시열이 대답하기를, "설령 강이 참으로 역모를 했다고 하더라도, 김홍욱(金弘郁)이 어찌 역모한 사실을 알고서 구원할 리가 있겠습니까. 소견이 이와 같은 데 불과한 것이었는데 전하께서 너무 갑자기 죽였으므로 인심이 더욱 안정될 수 없는 것입니다." 하였다. 상이 이르기를, "내가 이미 법령을 정하기를 만일 감히 말하는 자가 있으면 강과 같은 죄를 주겠다고 하였는데, 그가 어찌 감히 이 법을 무시하고 말을 한단 말인가. 이 때문에 내가 죽이지 않을 수 없었다." 하니, 시열이 대답하기를, "이것이 바로 사람들의 말을 초래한 까닭입니다. 강이 이미 역적으로 죽었으면 그만이지, 어찌 다시 사람들이 감히 말하는 것을 염려하여 억지로 감히 말하지 못하게 하는 금령을 설치하여 사람들의 입을 막는단 말입니까. 이는 참으로 속이 꿀리는 사람들이 하는 짓이기 때문에 사람들이 더욱 의심이 없을 수 없는 것입니다." 하자, 상이 한참 있다가 이르기를, "경의 말을 듣고 다시 생각해보니 과연 옳다." 하였다.[34]

숙종대 우참찬 신임 등이 "강서인(姜庶人)을 사사(賜死)한 것에 대해 온 나라 사람들이 원통하고 불쌍하게 여긴다는 말이 지금까지 그치지 않고 있습니다"[35]라고 한 말에서 강빈이라는 여인이 조선시대에 어떤 존재인가를 짐작할 수 있다.

인조가 강빈을 죽여야 하는 이유로 제기한 것 가운데 '호랑이를 키우면 우환이 된다'[36]는 표현이 있다. 강빈은 명청 교체기에 조선 왕실에 속해 있으면서 가장 강력하게 현실(청나라의 지배)을 받아들일

34) 『현종개수실록』 1, 원년 9월 5일(계해), 37집 122면.
35) 『숙종실록』 권61, 44년 3월 28일(정축), 41집 11면.
36) 『인조실록』 권47, 24년 3월 13일(경신), 35집 266면.

것을 주장한 호랑이였다. 강빈은 무엇을 꿈꾸었을까. 소현세자가 죽고, 그리고 세 아들까지 끝내 죽임을 당하게 되는 비극은 어쩌면 강빈이라는 여성이 조선시대가 여성, 빈에게 부여한 역할의 한계를 넘어서 새로운 시대를 열고자 한 시도를 했기에 벌어진 일이 아니었을까.

5. 맺음말

이름도 없이 태어나 그늘에서 살다간 여인들, 그들은 잊혀진 뒤안길에서 피었다 꺾이고 짓밟히고 설움받던 꽃송이들이었다. 수모의 억울함을, 이별의 아쉬움을, 외로움과 한과 생활의 고달픔을 담아 엮은 작품을 통해, 그들 애환의 역사를 더듬고 이조의 여인상을 현대의 안목으로 현상해보는 일은 흥미롭고 뜻있는 일이라 믿는다. 양반, 사내들 틈에서 그들을 넘는 솜씨로 알뜰히 가꾸어놓은 예쁜 작품들 속에, 이조 여인들의 흐느낌이, 고독과 우수와 비애가, 학대에 신음하고 노동에 지친 모습은 담겨 있다. 사랑에 목마른 내정의 여인들, 삼종의 굴레에 칠거의 짐을 지고 공규에서 외로움을 먹고 산 규방의 여인들, 학대와 모멸 속에서 노동으로 생활한 고달픈 서민의 여인들, 아름다운 노예 기생이란 이름의 여인들, 청상 · 소실이라는 숙명의 여인들, 한결같이 초췌하고 애처로운 그들이었다.(『이조의 여인상』 序, p. 3)

1970년대 이래 남성들은 이조의 여인을 이와 같이 노래했다. 근대사회, 산업자본주의는 여성과 남성에게 모두 변화를 가져왔지만 여성만은 전통적인 과거의 지점에 남아 있기를 원하는 열망의 반영이다.

우리는 과거의 여성들에 대해 어떤 상상을 했을까. 감옥에 갇혀 억압받은 조선 여성의 원형은 현재 여성들의 무의식 속에서 여성이라는 입지로, 리더로서 자신의 힘을 새롭게 발휘할 수 있는 여지를 제한한다. 여성 리더 험담하기, 여성 리더 죽이기, 여성 리더를 '나쁜 여성'으로 만들기, 그리고 그 여성 리더를 '나라를 망치는' 요인으로 묘사하는 것이 남성중심적 역사에서 '잘난 여성'을 다루는 방식이었다.

'한국 여성'과 '리더'라는 말이 붙어서 '한국 여성 리더'가 될 때 왠지 어색한 느낌이 든다면, 그 이유에 대해 진지하게 고민해볼 필요가 있다. 그 이면에는 한국 역사 속에서 기억할 만한 '여성 리더'가 없다는 것, 곧 여성 리더에 대한 기억 상실이 자리하고 있다. 어색함과 거북함, 그 바닥에는 당대에도 리더가 되지 못했지만, 후대의 역사 서술에서도 삭제되고 부정되어야 했던 여성 리더의 흔적, 그 결과 여성 리더십의 긍정적 원형을 갖고 있지 못한 공복감이 깔려 있는 것이다. 망각하고 있다는 사실조차 망각된 조선시대 여성 리더에 대한 기억을 다시 찾는 일은 여성주의 리더십을 말하기 위한 발판을 마련하는 작업이 될 것이다.

한국 전통에 대한 기억 속에 사라진 여성 리더의 기억을 되살리는 작업은 기존의 역사 서술 관점, 틀 속에 위대한 여성 몇몇을 추가하는 것으로 충족되는 것이 아니라, 역사 서술의 역사 자체를 문제삼는 것을 통해 가능할 것이다. 이는 역사학의 객관주의 틀을 넘어서 자료에서 삭제된 여성들의 목소리를 여성의 관점을 통해 적극적으로 상상하고 재해석할 때 가능한 것이다.

엄밀한 객관주의, 근엄한 권위 등을 떠올리게 만드는 전문적 학문 분과로서 역사학은 19세기 독일 민족을 통합하여 근대국가를 만들어가는 과정 속에서 탄생했다.[37] 이 때 근대국가는 문서보관소를 만들어 역사자료를 모으고 그것을 분석하는 역사가를 양성했다. 그들은 왜 역사를 장악, 육성하고자 했는가. 역사를 통해 민족의 전통을 만들어내고, 이를 통해 국민을 통합하고 그들에 대한 지배를 정당화하고자 했기 때문이다. 이렇게 성립한 역사학에서 이른바 '역사적으로 중요한' 문제는 정치, 외교, 전쟁 및 영웅에 대한 것들로 제한된다. 남성중심적 근대 권력이 탄생, 유지, 발전되는 과정과 역사학의 발전은 하나의 궤도를 그린다.

근대국가의 지원을 받은 역사학은 문서보관소의 자료를 근거로 하기에 '객관'의 이름으로 포장된다. 역사에서 객관의 신화는 자료—객관적인 것처럼 보이는—를 남길 수 있었던 존재들만이 역사의 서술 대상이 될 수 있다는 은밀한 규제로 작용해왔다. 여성에 대한 자료가 부족하다는 사실은 여성사의 가능성에 대한 의구심을 자극한다. 하지만 기록을 직접 남긴 존재만이 역사학의 연구대상이 될 수 있다는 생각은 끊임없이 여성을 역사에서 삭제하는 결과를 낳을 뿐이다. 만일 기록을 남긴 존재만이 역사의 분석대상이 된다면 우리는 끊임없이 승자의 역사만을 읽을 수 있을 뿐이다. 자료의 부족 그 자체가 문제인 것이 아니라, 여성의 눈으로 여성을 읽고 서술하며 해석하는 방법이 문제인 것이다. 여성의 이야기가 굴절되는 과정, 여성이 목소리를 내지 못한 역사 그 자체가 분석 대상이 될 수 있다. 결여된 자료의 틈새를 역사적 맥락을 읽어내고 이야기를 만들어내기 위해 적극적인 상상력이 활용된다면 여성의 숨겨진 이야기를 읽어낼 수 있는 것이다.

37) 게오르그 이거스 지음, 임상우 · 김기봉 옮김, 『20세기 사학사』(푸른역사, 1999) 참조.

역사학은 객관을 추구한다. 하지만 객관은 역사학이 가진 신화일 뿐이다. 객관의 추구는 영원히 도달할 수 없는 역사학의 꿈인지도 모른다. 모든 기록된 자료와 그것에 대한 해석 속에는 기록자와 역사가의 의도와 편향이 담겨 있다. 그런데 남성의 시각으로 분석된 역사학이 학문의 권위를 갖고 있는 한 여성의 관점에서 역사를 보는 일은 기존 학계로부터 편향적이라는 공격을 받는다. 그리고 여성사는 '선입견을 가진 역사'로 규정되고 기존의 남성중심적 역사학은 '선입견을 갖지 않은 역사'로 포장된다. 과거에 대한 객관적, 중립적, 보편적 역사라고 통용되는 것에 대한 기준과 가정들이 이미 남성중심적으로 규정되어 있는 것이다. 여성의 배제를 포함하는 역사학에 대한 정의를 근본적으로 다시 규정하는 것에서부터 여성사는 출발한다.

여성의 입장에서 역사를 연구하는 일은 근대적 역사 지식의 생산 과정과 방식에 여성주의적으로 개입하는 것이다. 기존의 역사 속에 여성을 끼워넣어 여성도 역사 발전에 어떤 역할을 했다는 점을 강조하거나, 남성 중심의 역사를 보완하기 위해 여성의 역사도 첨가하는 식의 작업만으로 충분할 수는 없다. 역사학에 대한 지배적인 정의와 역사학의 관행 그 자체가 성차별적이었음을 드러내고, 새롭게 문제를 바라보고 해석하는 방식을 제기할 때 사라진 여성들, 수많은 여성 리더들을 다른 눈으로 발견하게 될 것이다. 여성 리더를 발굴하는 작업은 여성주의 역사 서술, 새로운 패러다임에 대한 모색을 시도하는 작업이기도 하다. 남성의 관점에서 서술된 역사의 한계를 드러내며, 역사가 진술되는 방식 자체를 바꾸는 것을 통해서 리더의 지위를 박탈당한 여성 리더를 다시 발견하게 될 것이다. 여성의 관점에서, 여성주의 입장에서 역사를 다시 쓰는 작업 곧 기존의 설명 틀을 뒤엎는 전복적인 재해석 작업을 통해서만 삭제되고 부정된 그녀들을 만날 수 있다. 그녀들을 다시 기억하는 것, 그것은 현재 삶 속에서 여성주의 리더십의 역사를 새롭게 여는 출발점이 될 것이다.

| 참고 문헌 |

김용덕, 「소현세자연구」, 『사학연구』 18집.

이덕일, 『여인열전』, 김영사, 2003.

이상화, 「리더십과 권력에 대한 여성주의적 재개념화」, 『여성학논집』 22-1호, 2005년 6월.

이석래, 『이조의 여인상』, 을유문화사, 1973.

이숙인 역주, 『여사서』, 여이연, 2003.

정지영, 「조선시대 부녀의 노출과 외출 : 규제와 틈새」, 『여성과 역사』 제2집, 2005년 6월.

『연려실기술』

『조선왕조실록』

게오르그 이거스 지음, 임상우 · 김기봉 옮김, 『20세기 사학사』, 푸른역사, 1999.

Jahyun Kim Haboush & Martina Deuchler, eds., *Culture and the State in Late Choson Korea*, Harvard University Press, 1999.

필자 소개

윤혜린은 이화여대 한국여성연구원 연구교수로 재직중이며 동대학교 철학과 학부와 대학원을 졸업했다. 심리철학을 전공으로 한 박사 학위 논문으로 「사회의 마음 : 그 실재성과 지향성」을 썼다. 최근 학술진흥재단의 지원으로 〈지구화와 젠더〉 프로젝트를 6년 간 수행했고 현재 〈탈식민 관점에서 아시아 공간 연구〉를 진행중이다. 여성철학, 여성주의 리더십 등으로 연구 및 교육 분야를 확장시키고 있으며 평생교육원에서 초등 논술 지도자 과정 및 논술 철학을 강의하고 있다. 공저로 『정보 매체의 지구화와 여성』(2002), 『나의 삶, 우리의 현실』(2004), 『지구화 시대 여성주의 대안가치』(2005), 『여성주의 가치와 모성 리더십』(2005), 『여성주의 시티즌십의 모색』(2006) 등이 있으며, 주요 논문은 「사이버 공간의 여성 : 몸과 마음의 새로운 경험」, 「지구시민사회 맥락에서 본 여성주의 시민의 정체성」 등이다.

김영옥은 숙명여대와 서울대 대학원을 졸업하고 독일 아헨 대학에서 「타인의 텍스트를 통해 본 자화상-발터 벤야민의 카프카 읽기」로 박사 학위를 취득했다. 근대와 후기 근대의 문화 실천 및 이론, 그리고 정신분석에 여성주의적으로 개입하고 참여하는 일을 즐겨 해왔으며 현재 이화여대 한국여성연구원 연구교수로 재직중이다. 최근에는 지구 지역 시대의 여성(주의) 문화 현장 그리고 미학적 감수성과 리더십의 관계에 관심이 많다. 공저로 『'근대', 여성이 가지 않은 길』(2001), 『한국의 근대성과 가부장제의 변형』(2004), 『변화하는 여성문화 움직이는 지구촌』(2005) 등이 있으며, 주요 논문으로는 「발터 벤야민의 미학 이론과 역사 철학」, 「국가주의를 거슬러 자유를 솔질하는 문학」, 「동아시아의 근대화와 히스테리」, 「히스테리 담론과 여성적 글쓰기」 등이 있다.

양민석은 이화여대 사회학과를 졸업하고, 독일 베를린 자유대학에서 문화 사회학으로 석사 학위를, 「문화 취향의 미적 가치 평가와 이데올로기의 사회적 연관성에 관한 연구」 논문으로 박사 학위를 취득했다. 이화여대, 서울시립대, 아주대, 그리고 독일의 오스나브뤽 대학에서 사회학과 여성학을 강의했다. 현재 이화여대 한국여성연구원의 연구교수로 재직중이며, 독일 프리드리히 에베르트 재단의 편집위원을 맡고 있다. 공저로 『변화하는 여성문화 움직이는 지구촌』(2004), 『여성주의 가치와 모성 리더십』(2005), 주요 논문으로는 「문화취향과 이데올로기」, 「한국 애니메이션 문화산업의 성별 정치학」, 「한국의 평생 교육 제도와 여성 노동 교육에 대한 탐색적 연구」 등이 있다.

조형은 서울대와 이화여대 대학원에서 외교학을 공부하고 미국 하버드 대학교 대학원에서 사회학 및 동아시아학 전공으로 박사학위를 취득했다. 1975년부터 이화여대에서 사회계층, 정치사회학, 사회학방법론, 여성사회학 등을 강의해왔다. 주요 논문으로 「도시중산층 전업주부의 권력 : 구조적 무권력화와 구성적 권력화」(1997), "Sexual Violence Perpetrated against Women and Girls in Korea"(1991) 등이 있고, 공저서 『Gender Division of Labor in Korea』(1994), 『양성평등과 한국 법체계』(1996), 『여성의 시민적 권리와 사회정책』(2003), 『여성주의 가치와 모성 리더십』(편저, 2005)을 펴냈다. 최근에는 전지구적 변동기의 권력이동, 사회적 신뢰와 시민공동체, 시티즌십과 리더십 등에 대한 여성주의적 관점에서의 조망과 사회문화적 대안 모색에 관심을 갖고 있다.

정지영은 서강대 사학과를 졸업하고 동 대학원에서 「조선 후기 여성 호주 연구」로 박사 학위를 취득했다. 한국 가부장제 체제가 역사적으로 어떻게 구축되었는가를 해부하고 그 속에서 여성들이 어떻게 살아냈는가를 발굴하는 데 관심을 기울이며 여성주의적 방법론으로 역사를 새롭게 서술하는 길을 모색하고 있다. 공저로 『젠더 · 경험 · 역사』, 『한국의 규방문화』 등이 있고, 주요 논문으로 「조선 후기의 변두리 여성들 : 과부, 재혼녀, 독신녀, 첩」, 「조선 후기의 첩(妾)과 가족질서 : 가부장제와 여성의 위계」, 「조선시대 혼인장려책과 독신여성 : 유교적 가부장제와 주변적 여성의 흔적」 등이 있다.

여성주의 리더십

새로운 길 찾기

펴낸날 1판 1쇄 2007년 2월 28일
2쇄 2010년 3월 19일
지은이 윤혜린 · 김영옥 · 양민석 · 조형 · 정지영
펴낸이 최민숙
펴낸곳 이화여자대학교출판부
주소 서울특별시 서대문구 대현동 11-1(우 120-750)
등록 1954년 7월 6일 제9-61호
전화 02) 3277-2965, 2966(편집기획)
02) 3277-3164, 362-6076(경영지원)
팩스 02) 312-4312 | **전자우편** press@ewha.ac.kr
인터넷서점 www.ewhapress.com
디자인 정혜진
찍은곳 한영문화사

ISBN 978-89-7300-731-8 93330

값 10,000원